KB112550

필드 위의 전쟁

필드 위의 전쟁

초판 1쇄 인쇄 | 2022년 1월 13일
초판 1쇄 발행 | 2022년 1월 21일

지은이 | 김영상
펴낸이 | 박영욱
펴낸곳 | 북오션

경영지원 | 서정희
편　　집 | 권기우
마케팅 | 최석진
디자인 | 민영선·임진형
SNS마케팅 | 박현빈·박가빈
유튜브 마케팅 | 정지은

주　　소 | 서울시 마포구 월드컵로 14길 62 북오션빌딩
이메일 | bookocean@naver.com
네이버포스트 | post.naver.com/bookocean
페이스북 | facebook.com/bookocean.book
인스타그램 | instagram.com/bookocean777
유튜브 | 쏠쏠TV·쏠쏠라이프TV
전　　화 | 편집문의: 02-325-9172　　영업문의: 02-322-6709
팩　　스 | 02-3143-3964

출판신고번호 | 제 2007-000197호

ISBN 978-89-6799-659-8 (03190)

≫ 골프는 어떻게 사람을 긍정적으로 변화시키는가 ≪

필드 위의 전쟁

김영상 지음

북오션

차 례

1홀

'천만 달러 소녀'
미셸 위가 준 공,
골프인생이 바뀌다

　　　　　　　　지난 2006년 5월 5일이었다. 그
날은 어린이날이었다. 어린 딸과 무엇을 할까 고민하다가 영종도로
갔다. 그날 스카이72GC에선 KPGA(한국남자프로골프협회) 투어 SK
텔레콤 오픈대회 2라운드가 열렸다. 갤러리로 갔다. 딸을 데리고 간
것은 어린이날이었기 때문이기도 했지만, 대회에 출전하는 미셸 위
(한국명 위성미)의 모습을 아이에게 보여주고 싶어서였다. 당시 열일
곱 살이던 미셸 위는 '천만 달러 소녀'란 닉네임과 함께 그 인기가
하늘을 찔렀다. 여자프로로서 남자대회를 넘보며 승부욕을 한창 불
태울 때였다. 그런 미셸 위를 딸이 꼭 봤으면 싶었다.

　골프장 잔디를 신기해하던 딸은 금방 싫증 냈다. 어린애는 어린

애였다. 짜증을 내며 집에 빨리 가잔다. 목마를 태워주고 달래고 달래면서 미셸 위를 졸졸 따라다녔다.

놀라운 일은 6번홀에서 벌어졌다. 나와 딸은 티샷 지점 근처에 앉아 있었다. 주변에는 이미 구름 같은 군중이 진을 쳤다. 5번홀을 끝낸 미셸 위가 티샷을 하러 6번홀로 들어섰다. 박수가 쏟아졌다. 미셸 위는 분명 티샷 지점을 향해 움직이는 것 같았다. 그런데 갑자기 동작을 멈추고 몸을 돌려 내 쪽으로 걸어왔다. "어, 왜 오지?" 순간적으로 그런 생각이 들었다. 코앞까지 다가온 미셸 위가 미소를 짓더니 손에 들고 있던 공을 내미는 게 아닌가. 그러곤 내가 품에 안고 있던 딸아이에게 건네주었다. 정말 놀랐다. 그 공은 5번홀에서 버디한 공이었다. 그 홀에서 버디하는 광경을 봤고, 공을 그대로 그 자리까지 들고 오는 모습도 봤기에 틀림없었다.

그날 저녁 방송을 보니 미셸 위의 행동에 고개가 끄덕여졌다. "어린이날이라 (대회에) 어린 친구들이 갤러리로 많이 왔는데, 정말 고마웠어요." 인터뷰 내용은 그랬다. 그래도 그렇지. 그날 온 수많은 꼬마 중에서 내 딸을 콕 집어 공을 주다니, 감개무량할 수밖에. 그건 나이키공이었고, 점 두 개가 찍혀 있었다. 미셸 위가 자신의 공 표시로 직접 펜으로 점을 찍은 것이다. 암튼 그 공을 우리집 보물로 깊숙이 간직해 놨음은 물론이다. 미셸 위의 마음 씀씀이에 정말 고마워하면서 말이다.

사실 이날 경기는 미셸 위로선 매우 중요한 대회였다. 182센티미터의 큰 신장에 온몸을 활처럼 휘며 가공할 만한 드라이버를 뽐내는 미셸 위는 당시 남자대회에 각종 도전장을 내밀었다. 여성 골퍼의 한계를 딛고 남성대회에서 컷을 통과하는 게 목표였다. 이런 시도를 한 이는 '골프 여제' 애니카 소렌스탐뿐이었다. 사실 세계 톱랭커 여자프로라도 남자프로와 같은 조건으로 승부한다는 것은 쉽지 않은 일이다. 파워 등 상대적인 한계가 있어 남성의 벽을 넘는다는 것은 불가능에 가깝다는 평가가 지배적이었다.

그러나 미셸 위는 달랐다. 실패, 실패, 또 실패했지만 계속 남자대회에 도전했다. 포기를 몰랐다. 미셸 위는 2006년 한 해만 다섯 차례나 남자대회에 출전했다. 1월 PGA 소니오픈을 시작으로 PGA 존다이클래식, 오메가마스터스, PGA 럼버84클래식에 잇따라 얼굴을 들이밀었다. 결과는 초라했다. 컷오프 또는 도중 기권이라는 실망스러운 성적표를 남겼다. 이에 뒷말도 많았다. 스코틀랜드 골프영웅인 몽고메리는 "어린 소녀가 남자대회에 계속 출전하는 것은 적절치 않다"며 못마땅해했다.

그런데 이런 미셸 위가 나와 딸이 갤러리로 참관한 KPGA투어에서 2라운드 5언더파로 컷을 통과한 것이다. 이날은 미셸 위의 남다른 도전이 처음 성공한 날이었고, 그의 인생에서도 값진 날로 기억됐을 것이다. 그런데 그날 컷 통과의 원동력이 됐을 5번홀의 버디

공을 내 딸에게 준 것이었다. 그러니 아빠인 나로선 감동하지 않을 수 없었다.

혹자는 말한다. PGA에서 계속 컷오프된 그가 한국대회에서 처음 컷을 통과했다는 것은 그만큼 한국 남자선수 수준이 상대적으로 떨어지기에 가능했다고. 그렇게 말할 수도 있겠다. 하지만 미국이든, 한국이든 여성프로가 한계를 극복하고 남성 사이에서 당당히 3라운드에 진출한 것은 높게 평가할 만하다고 본다. 미셸 위는 그런 점에서 내겐 '위대한 골퍼'로 여전히 남아 있다.

미셸 위가 남자대회 컷 통과의 성취감을 만끽한 날, 나는 골프와 도전, 인생이라는 문제에 대해 진지하게 성찰했다. 그의 열정과 모험심, 불굴의 의지, 그리고 그동안의 도전 스토리를 보며 많은 것을 느꼈기 때문이다. 17세 소녀도 자신과의 싸움을 벌이며 스스로의 한계에 도전하는 삶을 사는데, 난 무엇을 하고 있나 하는 반성도 곁들였음은 물론이다. 그날 이후 프로 경기든, 아마추어 경기든 필드의 장면과 경험을 머릿속에 담거나 꼼꼼히 기록하는 버릇이 생겼다. 인생철학과 연관되는 골프 얘기라면 귀동냥을 게을리하지 않았다. 아마 이 책을 쓸 자양분은 그때부터 생겼을 것이다(여담이지만, 미셸 위는 나를 착각 속에 빠뜨렸다. 천하의 미셸 위로부터 딸아이가 직접 공을 받는 모습을 보고 "혹시 이건 딸을 골프선수로 키우라는 신의 계시가 아닐까"라며 즐거운 상상을 했다. 그런데? 말 그대로 상상으로만 그쳤다. 골프 연습장에 데려가 보기도 했지만, 딸은 골프에 대해 눈곱만큼의 관심조차 보이지 않았다. 척 보면 안다고, 괜히 딸아이 잡을 일 있겠나 싶었다).

얼마 전 내 글을 신뢰해주는 박영욱 북오션 출판사 사장을 만났다. 나로선 은인이다. 그는 나를 시인(?)으로 둔갑시켜준 사람이다. 지난해 어느 날 그를 봤을 때 부끄럽지만 꽤 오랫동안 끄적여온 시가 있다고 했더니, 보내 보란다. 내 할머니, 어머니, 고향, 그리고 젊은 날의 방황이 담긴 시였다. 그의 감상평은 이랬다. "아, 좋아. 시인까지는 아니지만 몇 편은 신춘문예에 넣어도 될 것 같아. 인생이 담겨 있어서 그런대로 잘 읽히네." 출판에 대해선 전문가인 그가 졸고였음을 모를 리 없었을 것이다. 장삿속을 내세운다면 이문에 대한 답이 없음을 역시 알지 못했을 리 없다. 그런데도 그런 칭찬을 곁들이면서 기꺼이 책을 내줬다. 그가 출판계에서 왜 '의리의 사나이'로 통하는지 그 이유를 새삼 깨달았다.

《내가 사랑하는 것들은 왜 빨리 사라질까》라는 제목의 시집은 '생활시집'이라는 이름으로 그렇게 세상 밖으로 나왔다. 문단에 정식 데뷔한 적도 없는데, 그런 까닭으로 지인들은 가끔 날 '김 시인'이라고 불러준다. 손사래를 치는데도 말이다. 순전히 그의 덕분이다. 책을 내는 이는 많지만, 시집을 내는 일반인은 그다지 많지 않다. 그러니 고맙고도 고마운 일이다.

그런 그를 다시 만났으니 반갑지 않을 수 없었다. 그와 식사 도중 골프 얘기가 나왔다. 그도 나도 골프를 좋아하기에 필드 이야기는 우리의 공감대가 일치하는 소재다. 갑자기 그가 넌지시 말을 건넨다. "골프 이야기 써볼 생각 없어?" "글쎄, 뭘 쓰나? 마땅히 생각나는 게 없는데"라고 했더니 "당신, 홀인원도 해봤잖아. 골프도 매우 사랑하고. 그럼 이번엔 골프와 인생, 뭐 이런 것 쓰면 되겠네"라고 못박는다. 아, 엮였다. 밥 먹자고 하더니, 이유가 따로 있었나 보다. 은인이라 꼼짝 못 할 수밖에. 이 책은 그래서 꾸며진 것이다.

난 골프 고수가 아니다. 컨디션이 좋을 때는 싱글을 가끔 기록하지만, 대개 80대 타수 중반을 친다. 몸 상태가 안 좋거나 기분이 영 뒤따르지 않으면 90대 타수로 금방 넘어가기도 한다. 100 가까이 갈 때도 있다. 그래도 동반자에 민폐 끼칠 정도는 아니니, 그걸로 만족하는 사람이다. 한때 골프를 잘 친다고 생각한 적도 있었으나, 강호의 고수들 앞에서 추풍낙엽처럼 떨어져 나가는 일이 잦아지면서 자만심은 버린 지 오래다. 골프 책 쓰기엔 실력이 모자라도 한참 모자란다는 뜻이다.

이 책을 펼치는 독자께서 혹시 골프 고수가 쓰는 책이 아닐까 해서 눈길을 보냈다면 그 시선을 당장 거둬주시라. 그러곤 책을 덮어주시라. 거듭 말씀 드리지만, 골프 책을 쓸 깜냥은 내게 없다.

그런데도 책을 내는 이유는 단 한 가지다. 거창한 말 같지만, 앞에서 잠깐 언급한 대로 필드에 나갈 때마다 난 골프가 주는 인생의 시사점, 교훈이라는 것을 진지한 눈으로 바라봐 왔다. 골프에서 배울 수 있는 인생과 그 반대로 인생에서 가져올 수 있는 골프를 접목해 사고하고, 이를 통해 인간다운 삶을 유추하는 작업에 관심을 가져왔다. 스포츠나 게임 등에서 인생 철학을 발견하려는 노력도 해왔다. 수년 전 바둑책을 출간한 것은 그래서였다. 다만 바둑 이상으로 골프가 '인생의 축소판'이자 '인생의 거울'이라고 여겨온 지는 오래됐다. 사실 골프 책을 내는 것이 꿈 중 하나였는데, 어찌하다 보니 선후(先後)가 바뀌기는 했다.

이 책은 대부분 골프와 인생, 골프와 철학 얘기다. 내 삶의 편린, 기억의 편린을 펼쳐보이며 그것을 골프와 연결한 것이다. 내가 살아온 얘기를 밑천으로 골프과 접목한 것도 있으니 어쩌면 자서전 성격의 수필 같기도 할 것이다. 수필 형식을 취하다 보니 아마 '주관'이 많이 들어갔을 것이다. 한 사람의 생각과 철학이 모두 옳은 것은 아니다. 옳을 수도 없다. 이에 따른 반대 시각은 얼마든지 있을 수 있다. 그런 시선들을 충분히 담지 못했다는 점이 책의 한계임을 미리 말씀 드린다.

프로골퍼가 아니다 보니 전문적인 골프 얘기를 담을 엄두 역시 전혀 내지 못했음도 미리 고백한다. 그러니 이 책은 누구나 쓸 수 있는 얘기다. 곳곳의 골프 스토리는 웬만한 골프팬이라면 다 알고 있거나 어디서 들어봤음 직한 내용이다. 여기서 특별히 얻을 골프지식은 없다. 고수 되는 법 또한 없다. 골프 입문과 실력 향상 안내서 역시 아니다.

이 책에는 나만의 스토리를 담았다. 살아오면서 내가 만난 사람, 내가 같이 플레이했던 사람의 필드인생을 유심히 기억했다가 꾸민 게 대부분이니 진솔한 맛은 있을 것이다. 평범한 이들 얘기도 많으니 공감할 대목도 적잖을 것이다. 그러니 에세이 읽듯 "골프란 이런 것이구나", "골프에 이런 인생 철학도 있을 수 있겠구나"라며 가볍게 감상해 주신다면 더 바랄 게 없다.

다만 골프 룰을 모르는 사람이 읽더라도 이해할 수 있도록 무조건 쉽게 쓰려 노력했다. 내세우고 싶은 유일한 장점일지도 모르겠다. 아, 한 가지. 앞의 '철학'이란 표현을 '단상' 내지 '잡학'으로 정정하겠다. 철학이라고 하니 너무 심오해 보인다. 골프에 대한 단상, 달리 표현하면 골프에 대한 잡학을 책에 담았구나, 이렇게 받아들여주셨으면 한다.

책을 쓰는 이유는 또 있다. 최근 아내가 필드에 입문했다. 수년 전 골프레슨을 받긴 했지만, 아이 교육 때문에 계속할 여건이 되지 못해 중단한 후 최근 다시 레슨을 끝냈다. 얼마 전 나는 직접 캐디를 자청하며 아내의 머리를 올려줬다. 다행히 아내는 무척 재미있어 한다.

우리 부부는 '함께하는 골프'의 맛에 푹 빠졌다. 매주 주말이면 서울에서 멀리 떨어진 곳을 향한다. 가벼운 주머니 탓에 식스홀이나 나인홀 퍼블릭을 찾아다니는데, 만족도 갑(甲)이다. 머리를 맞대며 우리 수준에서 가장 가성비가 뛰어난 곳을 발굴해 가는 재미 또한 쏠쏠하다. 더, 좀 더 싼 골프장을 찾아내는 우리 부부의 기술도 시간이 갈수록 도가 트이는 것 같다. 주말 외식 정도의 수준에서 골프를 칠 수 있는 곳이 생각보다 많음을 요즘 알게 됐다. 우리가 발견한 우리만의 소박한 초가집(퍼블릭)에서 하루의 절반을 보내면 구중궁궐(정규홀)이 전혀 부럽지 않다. 그러다 보니 우리 부부의 삶의 패턴도 바뀌었다. '방콕' 신봉자였던 아내는 '방'을 과감히 버렸다. 계속 주말에는 밖으로 나가자고 한다. 대화도 많아졌다. 골프 대화꽃이 자주 핀다. 텔레비전 골프채널에 열중하던 내게서 리모컨을 빼앗으며 핀잔을 주곤하던 아내의 잔소리는 사라졌다. 대신 말없이 소파 옆에 앉아 나보다 더 골프 장면에 몰입하곤 한다. 그래도 초보는 초보다.

골프 룰과 샷 기술, 경기 상황과 의미에 대해 침을 튀기며 열심히 설명해도 이해 안 되는 게 많은지 고개를 갸우뚱한다.

이 책을 내는 것은 그러니 아내를 위한 것이기도 하다. 책이 나오면 겨울일 것이다. 골프 동면기다. 추위 탓에 필드에 못 가더라도 섭섭해하지 말고 아내가 이 책으로 위안을 삼았으면 한다. 골프라는 게 뭔지, 골프에 담긴 세상은 어떤 게 있는지, 골프에서 뭘 배워야 할지 간접 체험했으면 좋겠다. 독자께서 "팔불출이시구먼"이라고 면박 줄 수도 있겠다. 부인하진 않겠다. 아, 그러고 보니 이 책은 내가 팔불출이라는 것을 당당히 선언하는 것이기도 하겠다.

겨울 사실 짧다. 어차피 조금 기다리면 봄이 온다. 독자들의 필드에도 봄날이 오길 기대한다.

2022년을 맞이하며
어느 날
김영상

2홀

골프는 '마법의 나라'에서 왔다

이건 그냥 웃자고 하는 소리다. 부디 우스갯소리로 여겨달라. 이 책은 정치적 색채가 없으니 가볍게 봐줬으면 좋겠다. 이런 생각을 해봤다. 역대 대통령이 골프를 친다면 어떤 모습일까.

대한민국 개발과 독재라는 양날의 평가를 받고 있는 박정희 전 대통령이 플레이한다면, 그리고 내기골프를 친다면 아마 '후세인 게임'(게임의 한 방식. 네 명의 동반자 중 한 명은 후세인이 되고, 나머지 세 명은 연합군이 되는 것. 후세인이 돼 승리를 하면 그만큼 베팅액이 늘어난다)을 좋아할 것 같다.

전두환 전 대통령은 동반자들이 내기골프를 사양할 것 같다. 건전한 플레이가 이뤄질 것이다. 전재산이 27만 원이라는 분의 돈을 딴다는 것은 인간적인 도리가 아니다.

노태우 전 대통령은 퍼블릭을 선호했을 것이다. 회원제 골프장보다는 아무래도 퍼블릭이 서민적이니까. "하하하. 제가 보통사람 아닙니까?"

김영삼 전 대통령은 골프장에서 가명을 쓰는 일은 절대 없을 것 같다. (금융)실명제 정착을 자랑스럽게 여긴 분이니 골프장에서도 분명 본명을 쓸 게 확실하다. 그것이 부담되면 'YS'라고라도 적었을 것이다.

김대중 전 대통령은 날씨가 흐린 날은 골프장에 전화를 걸어 '캔슬'할 것이다. 햇볕(정책)이 없는 필드는 김 전 대통령에겐 관심 대상이 아닐 테니까. "햇볕 없는 골프가 무슨 골프야"라고 했을 법하다.

노무현 전 대통령은 승부욕이 대단했을 것 같다. 파3홀에서 동반자들이 온그린을 하면 반드시 불같은 정열로 오히려 홀컵에 더 붙였을 것이다. "한번 해보자는 거지요"라며 상대방의 도발에 자극받아 한층 공격적으로 플레이에 임했을 것이다.

이명박 전 대통령은 물이 가득한 호수에 공이 빠져 해저드를 기록해도 즐겁게 웃었을 것이다. 왜냐고? 대운하(정책)를 너무 사랑하니까 물과의 인연을 소중히 여겼을 것이다.

박근혜 전 대통령이 골프를 친다면 매우 학구적인 플레이를 했을 것 같다. 티샷을 어느 방향으로, 몇 야드쯤 보내야 하는지 캐디가 설명했는데도 몇 번이고 "이번 홀은요?"라고 물을 것 같다. 캐디가 다소 귀찮은 표정을 지으면 "창조(경제)적으로 쳐야 하니까요"라며 이유를 댔을 것이다.

문재인 대통령은 필드에선 판관 포청천처럼 '매의 눈'으로 상대방의 플레이를 지켜보지 않을까. 아마 알까기(로스트볼이 됐는데 슬그머니 호주머니에서 공을 꺼내 아무렇지 않은 듯 치는 등의 속임수)는 문 대통령 앞에선 절대로 허용될 수 없을 것이다. 문 대통령은 18홀 내내 이렇게 외칠 것이다. "공정골프, 공정골프, 첫째도 둘째도 셋째도 공정하게 칩시다."

한번 해보자는 거지요? 이번 홀은요?

골프와 대통령을 연관지어봤을 때, 인물과 정책별로 보면 이러지 않았을까 해서 창작해본 글이다. 어디 대통령뿐이겠는가. 이들 못잖게 자신만의 캐릭터로 무장한 수많은 민초들도 저마다 특유의 '필드 스토리'를 쏟아낸다. 인간 군상이 펼치는 필드 인생, 그것을 통해 사람 냄새를 흠뻑 맡아보는 것은 골프의 즐거움 중 하나다.

골프를 '신사의 게임'이라고 하는 것은 매너와 룰(규칙)이 엄격하기 때문이다. 복장부터 말씨까지 깔끔해야 하고, 만남부터 헤어짐까지 예의를 갖춰야 하는 게 골프다. "골프장에서의 제1 원칙은 별것 없어요. 나 자신에겐 엄정하게, 그러나 상대방은 배려해야 한다는 거죠." 존경하는 선배가 늘 필드에서 하는 말이다. 10년도 더 된 얘기다. 내가 비기너(초보자)였을 때다. 뉴서울CC로 기억된다. 몇 번째 홀인지는 모르겠다. '컴퓨터 샷'으로 이름난 그 선배가 친 드라이버샷이 카트 도로를 맞더니 오른쪽으로 휘어져갔다. 내가 친 샷 역시 그쪽으로 갔다. 공 근처로 가보니 두 공 모두 OB(아웃 오브 바운드) 말뚝 경계선 근처에 있다. 그런데 내 공이 더 바깥쪽에 위치해 있다. 선배는 근처 OB말뚝 경계선을 대충 손짓으로 계산하더니 내 공을 집는다. 그러면서 공을 살짝 안쪽으로 던져준다. 먼저 치라고 한다. 두 번째 샷은 안정적으로 날아갔다. 그런데 선배는 자신의 공을 손에 쥔 채 OB티 쪽으로 걸어가는 게 아닌가. "아니 선배. 왜 거기서 안 쳐요?"라고 했더니 "OB잖아. OB티에서 쳐야지"라고 한다.

더 OB구역 쪽으로 들어간 내겐 무벌타로 공을 칠 기회를 주면서 자신은 룰에 따라 2벌타를 먹고 4구째를 날리는 그를 보고 많은 생각을 했다. 오히려 내공이 OB였는데. 다음 홀부터 선배의 플레이를 유심히 지켜봤다. 정확히 룰 그대로 친다. 러프는 물론 디보트(Divot, 스윙 때문에 잔디가 파인 곳)에서도 공을 옮기는 법이 없다. 물론 동반자들이 유사한 상황에 놓이면 살짝 좋은 곳으로 공을 빼주면서 말이다. 플레이 후 선배에게 살짝 물었다. "골프는 그렇게 치는 것인가요"라고. 그랬더니 씩 웃으며 한마디 한다. "남을 배려하면서도 나는 룰 그대로 엄격하게 치는 게 골프의 매력이지. 어차피 골프는 상대방과 싸우는 게 아니거든. 나 자신과 싸우는 게 골프지."

사실 그땐 그게 무슨 뜻인지 완벽히 이해하지 못했다. 참 보기 좋은 선배네. 느낌이 그랬다.

선배는 그렇다고 고루한 타입은 아니었다. 필드 위에서 또는 그 늘집에서 골프를 주제로 한 걸쭉한 입담도 과시하며 좌중을 웃길 줄 알았다. 사람 편하게 해주는 스타일이다. 왜 사람들이 그를 좋아하는지 이유를 그때 알았다. 그런 사람이 되고 싶었다.

그날 이후 필드에 갈 때마다 상대방의 캐릭터를 유심히 살펴보곤 한다. 그가 어떤 사람이며, 어떤 스타일로 플레이하는지, 배울 것은 뭔지 들여다보는 것은 매우 재미있다. 앞에서 역대 대통령의 골프 스타일을 떠올려본 것처럼, 내일 필드에서 만날 사람이 어떤 골프 실력과 매너와 품격을 갖췄는지 상상하는 것은 즐거운 일이다.

골프가 매력적인 것은 이처럼 '사람 냄새'가 나기 때문이다. 최소 대여섯 시간을 같이 어울리다 보면 서로의 인생을 음미할 수 있고, 농을 주고받으며 실컷 웃기도 한다. 몇 백만 달러 우승 상금이 걸린 프로경기야 긴장과 스릴의 연속이라 이런 여유가 없겠지만, 아마추어 골프에서는 정제된 매너 속에서 사람의 향기에 실컷 빠져볼 수 있으니 지상 최고의 스포츠라 할 수 있다.

그런 점에서 골프는 어쩌면 '알라딘의 요술램프'다. '지니'가 따로 있겠는가. 대여섯 시간 좋은 사람과 어울리는 행복한 시간을 갖게 해주니 이보다 더 좋은 선물이 있을까. 가끔 '소원'을 빌면 버디나 이글, 나아가 홀인원이라는 '대박 행운'까지 안겨주니 그게 지니 아니면 뭐겠는가. 엄격하면서도 재미있고도 흥미로운 룰, 품격과 도전 속에 행운을 보물찾기 하는 골프를 그래서 난 '마법의 나라'에서 왔다고 믿는다. 분명 평범한 곳에서 오지는 않았을 것이다.

요술램프 '지니'가 있는 골프의 매력

골프는 과연 어디서, 어떻게 태어났을까.

2006년 6월 스코틀랜드 글래스고에 갔을 때다. 당시 독일월드컵 현장 취재기자로 일했다. 회사 역사상 월드컵 현장 파견은 처음이자 마지막이었기에 지금도 운이 좋았다고 생각한다. 월드컵 전사들은 노르웨이를 거쳐 스코틀랜드에서 평가전을 치른 뒤 독일로 입성해 월드컵 본선을 치렀는데, 취재하러 이들을 따라다녔다. 아드보카트 호(號)의 태극전사들은 노르웨이와의 평가전에서 0:0 무승부를 기록한 뒤, 글래스고로 이동했다. 글래스고는 태극전사의 훈련캠프가 마련된 곳이었다. 글래스고는 스코틀랜드 중부 최대도시로 일찌감치 섬유공업이 발달한 경제 중심지다. 1707년 잉글랜드와 스코틀랜드가 합병한 뒤엔 대서양 무역거점으로 번창하기도 했다. 유서 깊은 도시였다.

"글래스고, 환영합니다. 이곳이 골프의 고향이잖아요."

현지 축구 관계자를 인터뷰했을 때 첫마디가 이랬다. 귀를 의심했다. 분명 축구 얘기부터 꺼내리라 여겼는데, 뜻밖이었다. 당시 영국인의 관심은 온통 잉글랜드의 간판선수인 웨인 루니에 쏠려 있었다. 루니는 부상 중이었고, 영국 신문은 루니가 월드컵에 출전하느냐 못하느냐를 놓고 매일같이 1면 톱기사를 내보내던 중이었다. 이해는 갔다. 영국은 잉글랜드, 아일랜드, 웨일즈, 스코틀랜드로 이뤄진 나라다. 영국은 축구 종주국이라는 권한을 활용해 이들에게 각각 월드컵 출전의 기회를 주는, 일종의 특혜를 받고 있다. 독일월드컵 본선에 스코틀랜드가 탈락했으니 현지에선 축구 열기가 본토 영국과는 좀 다를 수도 있겠다 싶었다. 게다가 잉글랜드와 스코틀랜드가 수백 년 전 합병을 통해 '영국'의 일원이 됐지만, 역사적인 앙금이 아직은 남아 있고 이에 잉글랜드를 좀 질투하는 현지 분위기가 있을 수도 있겠다 싶었다. 그래도 그렇지, 축구가 아니라 골프라니. 조금은 당황한 것이 사실이다. 그런데도 이 관계자는 내 의사와 상관없이 침이 마르도록 골프 얘기를 해댔다.

어쨌든 그의 설명에 따르면 골프는 스코틀랜드에서 탄생했다. 스코틀랜드, 특히 글래스고엔 목동들이 많았다. 양치기 소년들이었다. 하루 종일 양떼를 모느라 힘들게 일했다. 이들이 휴식을 취하는 시간은 양떼가 풀밭에서 식사를 하는 동안이었다. 나른하고도 무료한 시간이었다. 어느 날 소년 하나가 막대기로 둥근 돌을 쳤다. 계속 치다 보니 재미있었다. 아마 나무를 맞추거나 언덕 위 바위를 겨냥하곤 했을 것이다. 어느 날은 막대기로 돌을 쳤는데, 우연히 토끼굴에 들어갔다. 이를 본 다른 소년도 한번 해보겠다며 팔을 걷어붙쳤고, 이런 저런 경쟁 분위기와 겹치면서 '내기'까지 이어졌다. 복잡하지 않다. 골프는 이렇게 탄생했단다. 그런 골프에 자본과 기술이 가세하면서 막대기는 클럽으로, 돌은 공으로 발전했고, 엄격하고 창의적인 룰이 더해지며 오늘날 골프로 진화했다는 것이다(이 논리에 따르면, 양치기 소년들이 개발한 골프를 어느 날 위정자들이 빼앗았고 그들만 즐기는 '귀족의 놀이'로 발전시킨 것이니 어찌보면 수탈의 역사가 깃들어 있는 슬픔의 운동이기도 하겠다). 대충 이런 얘기였다. 그때의 결론은 '믿거나 말거나'였다.

하지만 나중에 이 얘기가 근거가 전혀 없는 말이 아니라는 것을 알게 됐다. 이른바 골프의 '스코틀랜드 원조론'이다. 양떼와 섬유공업의 연관성도 이런 분석에 힘을 보탠다. 글래스고는 양떼가 많았고, 일찌감치 섬유공업이 발달했다. 골프공은 둥근 돌에서 나무공으로 바뀌었지만, 아무리 재질이 탁월하다 해도 나무라 자주 깨졌을 것이다. 차츰 양가죽 속에 양털을 압축해 넣은 섬유공이 나무공을 대체했을 것이다. 이것이 오늘날 첨단소재의 골프공으로 변했을 것이다. 글래스고에서 만난 그 사람은 이런 점을 더 설명하고 싶었던 것 같다.

100퍼센트 확실한 것은 아니다. 골프가 하도 인기가 있는 스포츠이다 보니, 골프 원조라고 주장하는 나라는 많다. 공식적으로 검증할 방법도, 수단도 지금은 없지만 말이다. 이탈리아와 네덜란드가 골프 종주국이라고 외치는 대표적인 나라다.

이탈리아는 그 옛날 로마제국이 스코틀랜드를 정복했을 때 군인들이 지금의 골프 같은 놀이를 했고, 그게 스코틀랜드에 그대로 남아 전해졌다고 믿는 나라다. 스코틀랜드에 아예 골프를 전수했다는 논리다. 네덜란드는 호랑이 담배 피우던 시절에 그 지역 아이들이 오늘날의 아이스하키 경기 같은 '코르프'(kolf)라는 놀이를 했고, 그게 골프의 출발이라고 여긴다.

세상 모든 것의 원조를 고집하는 중국이 여기에 안 낄 리가 없다. 중국은 옛 그림까지 동원하며 자신의 선조들이 긴 막대기로 공을 치는 놀이의 일종인 '츠이완'을 즐겨 했고, 이게 골프가 아니면 뭐냐며 종주국임을 인정해달라고 떼를 쓰는 중이다.

몇 년 전 장위안이라는 친구가 '비정상회담'이라는 TV프로그램에서 이와 유사한 논리를 펴는 것을 본 적 있다. 장위안은 골프경기와 비슷한 놀이가 그려진 원나라 시대의 그림을 펼치면서 "이게 츠위완이라는 놀이인데, 이걸 보면 골프 원조는 중국이 아닌가 한다"고 말했다. 그 친구의 논리를 비판할 생각은 없다. 다만 이런 생각이 들었다. "그렇게 따지면 우리 조상이 골프 원조겠네." 왜 '선녀와 나무꾼'이 있지 않은가. 선녀를 기다리다 지치면 지게 막대기로 땅을 힘껏 두드리며 발길에 깔린 돌맹이를 냅다 쳐냈던 우리 선조 나무

꾼이 얼마나 많았겠는가. 그도 아니면 옛날 부뚜막 아궁이에서 딱딱한 부지깽이로 불쏘시개를 힘껏 휘저으며 불을 지피던 우리 할머니, 어머니도 얼마나 많았던가.

스코틀랜드 양치기 소년, 골프를 몰고 오다

사실 골프가 어디에서 태어났는지 지금으로선 확인할 수도 없고, 또 확인한들 무슨 소용일까 하는 생각은 든다. 중요한 것은 지구에 '신사의 게임'이란 이름으로 골프가 널리 퍼졌고, 누군가의 선조 덕분에 우리가 이 놀이를 즐기고 있다는 점이다.

다만 만약 '골프 원조는 어디일까'라는 지구촌 투표가 이뤄진다면 나는 스코틀랜드를 중심으로 한 '유럽 탄생설'에 한 표를 던질 것 같다. 유럽에서 출발한 것은 분명해 보이기 때문이다.

그 논리는 이렇다. 골프의 원리야 세상 어느 곳이나 비슷하다. 막대기로 쳐서 공을 날리는 것, 매우 단순하다. 우리 조상은 고려 시대, 그 이전부터 '격구'를 즐겼다고 하는데 이것 역시 말을 타고 달리면서 막대기로 공을 쳐 승부를 내는 놀이였다. 그렇다면 우리 역시 골프 원조라고 말할 수 있을 것이다. 하지만 그렇지 않다. 골프는 놀이형태도 형태지만, 특색 있는 룰을 스스로 발전시키면서 진화했다. 세상 어디에도 없는 유니크(unique)한 룰이다.

골프는 기본적으로 마이너스(-) 게임이다. 정해진 목표(파, Par)를 설정한 뒤 타수를 줄이면 줄일수록 유리한 게임이 바로 골프다. 다 알고 있는 얘기지만, 파에서 한 타 줄이면 버디(Birdie), 두 타 줄이면 이글(Eagle), 세 타 줄이면 알바트로스(Albatross)라고 부른다. 각각 1언더파, 2언더파, 3언더파를 기록하게 된다(이 이름들은 모두 새 이름과 관련이 있다. 골프가 광활한 자연을 바탕으로 출발한 것은 분명하다). 즉 버디(-1), 이글(-2), 알바트로스(-3)는 마이너스 기록으로 남는 것이다. 그 반대로는 파(0), 보기(+1), 더블보기(+2), 트리플보기(+3), 쿼드러플보기(+4) 등이 있다. 중요한 것은 골프는 파(0)를 기본으로 언더(under)가 쌓일수록 이기는 방식을 택하고 있다는 점이다. 아마추어야 오버(over)파를 기록할 수밖에 없겠지만, 대체로 프로경기에선 언더파 경쟁으로 승부를 결정짓는다.

이는 야구나 농구같이 점수를 무조건 많이 획득하면 이기는 플러스(+) 게임과는 근본적으로 다름을 의미한다. 그래서 야구나 농구가 스릴의 게임이라면, 골프는 자기 자신에 대한 도전과 모험의 게임이라고 한다. 파를 기준점으로 한 타 한 타 줄여가는 것, 그 과정의 인내심이 골프라는 것이다. 마치 에베레스트의 혹독한 눈보라와 가혹한 추위에 맞서 시간을 단축시키며 정상을 향해 묵묵히 걷는 자기와의 '고독한 싸움'처럼 말이다.

이것은 매우 중요한 포인트다. 골프는 왜 '언더' 쪽으로 룰을 정했을까. 플러스를 지향했을 수도 있었을 것이다. 파를 중심으로 한

타 줄이면 플러스 1점, 두 타 줄이면 플러스 2점, 세 타 줄이면 플러스 3점을 주는 방식으로 했을 수도 있다. 즉 파(0)를 기점으로 버디 (+1), 이글(+2), 알바트로스(+3) 등으로, 반대로 보기(-1), 더블보기 (-2), 트리플보기(-3), 쿼드러플보기(-4) 등으로 해서 총점수가 많으면 우승을 가리는 식으로 해도 됐을 일이다.

그렇다면 오늘날 예를 들어 "19언더파로 우승했다"는 등의 뉴스는 "19오버파로 우승했다"는 식으로 180도 달라졌을 것이다. 이는 인간의 불굴의 의지를 게임에 녹였기 때문이라는 게 내 생각이다. 플레이어의 목표점을 특정 지점(파)에 설정하고, 이를 하나하나 극복함으로써 인간의 한계(언더파 쌓기)를 시험하는 과정을 중시했기 때문으로 본다.

마라톤은 이와 유사하다. 42.195킬로미터 코스를 목표점에 두고 자신의 한계를 극복하면서 완주 시간을 줄이는(마이너스) 게 마라톤이다. 인간의 인내력을 최우선 가치에 두는 점에서 골프와 매우 닮았다.

육상 경기 역시 마이너스 게임이다. 100미터, 200미터, 400미터, 1500미터 등 일정 거리를 정해놓고 누가 더 빠른 시간에 피니시 라인을 통과하느냐를 경쟁하는 것이 바로 육상이다. 목표점(파 또는 거리)을 정해놓고 점수를 줄이든, 시간을 줄이든 뭔가를 단축(마이너스)해야 이기는 것은 골프와 마라톤, 육상의 공통점이다. 그리스가 됐든 이탈리아가 됐든 로마의 영향을 받은 스코틀랜드, 네덜란드가 됐든 이같이 유럽 쪽에 공통적으로 적용돼왔던 것이 마이너스 룰인 것을 보면 그 쪽이 골프의 원조임은 분명해 보인다.

중국 원조론은? 말도 안된다. 중국이 자랑하는 바둑도 따지고 보면 플러스(+) 게임이다. 상대방보다 집이 많으면 이기는 게 바둑이다. 이에 골프 원조 문제는 특정 나라로 한정하기보다는 유럽 전체의 역사적, 철학적 배경 속에서 이해하는 게 옳다는 게 내 주장이다.

타잔 속에서 처음 본 골프, 그게 뭐였더라

내가 골프라는 것을 처음 본 것은 중학생 때였고, 미국에서 만든 TV시리즈 '타잔' 속에서였다.

정확히 말하면 그땐 그게 골프라는 것은 몰랐다. 훗날 생각해 보니 그게 골프였던 것이다. 오래된 일이지만, 워낙 눈길을 끈 장면이라 지금도 기억이 난다. 5060 혹은 40대 후반이라면 1970년 대 초 MBC에서 연속극처럼 방영했던 흑백의 타잔 시리즈를 기억할 것이다. 총을 든 악당들 앞에서 타잔이 잡힐까 봐 숨을 죽이다가 '아~~~아~~아~~아~~아~'하고 외치면 밀림 동물 친구들이 '짠'하고 나타나 나쁜 사람들을 일망타진하는 것을 보고 얼마나 박수를 치고 환호했던가. 그리고 보면 타잔은 참 추억의 영원불멸

캐릭터다. 암튼 악당 두목이 타잔을 잡으러 가는 배 위에서 공을 놓고 뭔가를 휘두르는 신(scene)이 있었다.

드라이버였는지 우드였는지 아이언이었는지는 모르겠다. 무표정한 악당 두목은 그 공을 쳐서 밀림으로 자꾸자꾸 보냈다. 타잔을 잡지 못한 부하가 쩔쩔매며 떨고 있는 바로 앞에서 '탁' 소리와 함께 공만 쳐내는 악당 두목. 잠깐 뒤면 그 채로 마치 부하를 내려칠 것 같은 그 분위기. 화를 냈으면 차라리 나았을 것이다. 침묵 속에서 공을 때리는 모습과 냉정하고 냉혹한 얼굴이 클로즈업될 땐 얼마나 무섭던지…….

훗날 타잔 스토리에 도시와 문명을 상징하는 골프 장면을 넣은 것은 원시 밀림과의 대결 구도를 더 부각시키기 위한 영화적 장치라는 것을 깨달았지만, 그땐 그걸 알 턱이 없었다. 나무 밧줄을 타고 밀림 속을 훨훨 날아다니며 악어 한두 마리쯤은 물속에서 가볍게 해치우는 타잔이 미국 유명 수영선수였던 와이즈 뮬러(1904~1984년)였고, 역대 '최고의 타잔'으로 평가받는다는 것도 나중에 알게 됐다. 어쨌든 골프를 처음 본 것은 그때였다. 그러고 보면 내가 골프와 간접적인 인연을 맺은 게 40년도 훨씬 넘었으니, 골프 책을 쓰는 자격은 조금은 갖췄다 싶기는 하다.

참, 여기서 옆 길로 한번 새본다면? 아무리 어렸더라도 타잔에게 의아한 것은 있었다. 부모를 잃고 고릴라 젖을 빨아먹으며 밀림에서 비바람을 맞고 컸다는 타잔은 얼굴이 뽀얗고 머리는 늘 말끔하게 정돈돼 있었다. 암튼 우리 같으면 얼굴은 시커멓고, 피부는 쩍쩍 갈라지고, 수염투성이에다 온몸엔 온통 굳은살이 배겨 야수같이 보였을 텐데…… . 아, 백인들은 밀림에서 100년을 산다 해도 저렇게 뽀얀 얼굴에 뽀얀 피부구나. 화면이 흑백이라 그런지 더욱 그런 생각이 들었다. 우리 세대, 참 미국 영향을 많이 받고 자란 것 같다.

유럽에서 신사게임으로 폭발적인 인기를 끌던 골프는 신대륙 미국으로 건너갔을 것이다. 아마 미국에선 원조국보다 골프가 더 성행했을 것이다. 오늘날 유러피언 프로 대회보다 PGA의 열기와 관심이 더 뜨거운 것을 보면 그렇다. 타잔을 만든 곳도 미국이고, 그 장면 속에 골프를 집어넣은 것이 미국인 것을 보면 남의 것을 내 것처럼 포장하고 발전시키는 미국의 상술과 능력은 타의 추종을 불허하는 것 같다. 아무리 그래도 골프 원조는 그곳이 될 수 없다.

골프는 신의 특별한 애정을 받은 '마법의 나라'에서 온 것이 확실하니까.

3홀

신이 직접
연출한 최고의
명장면들

　　　　　　　　와인을 신이 내린 최고의 선물이
라고 했던가. 그래서 '신의 물방울'이란 영광의 타이틀을 차지했을
까? 그렇다면 감히 얘기하겠다. 골프는 '신의 땀방울'이다. 인간의
땀과 노력, 의지를 소재로 신이 직접 연출하는 최고의 '반전 드라마'
다. 제아무리 극적인 작품을 썼던 셰익스피어도, 지구상에서 가장
정교한 글을 썼다는 헤밍웨이도, 러시아문학의 대문호 톨스토이도
인간으로선 도저히 꾸밀 수 없는 극적인 드라마가 필드 위에서 펼
쳐진다. '신의 이름'으로 말이다.

　도전과 위기, 역경과 모험, 절망과 승리가 도배된 필드에서 사람
으로 하여금 인생을 깨닫게 해주려는 의도가 다분한 것 같다. 신이
직접 집필했다고 볼 수밖에 없는 필드 위의 명장면 몇 개 떠올려보

자. 새로울 것은 없다. 아마 골프에 관심이 있는 독자라면 몇 번이고 봤음 직한 장면들이다.

#1. 섹스 스캔들 여파와 잦은 부상, 그리고 40대라는 나이로 한물 간 선수로 치부됐다가 다시 세계 골프계에 화려하게 복귀한 타이거 우즈. 2019년은 우즈의 한 해였다고 해도 과언이 아니다. 성적으로 따지면 우즈보다 뛰어난 선수가 많겠지만, '이빨 빠진 호랑이'라는 조롱을 견디면서 절치부심 끝에 완벽 부활한 우즈는 단연 빛났다. 우즈는 2019년 마스터스 우승으로 전 세계 골프계에 '황제의 귀환'을 알렸고, 10월에는 조조 챔피언십 우승컵을 거머쥠으로써 골프계의 전설인 샘 스니드(미국)의 미국프로골프(PGA) 투어 최다승(82승)과 어깨를 나란히 했다. 우즈의 확실한 부활임을 감안하면, 이 기록 돌파는 시간문제로 보인다(어쩌면 책이 출간될 때쯤이면 82승 기록을 깼을지도 모르겠다).

남보다 월등한 불굴의 정신과 전매특허인 '호랑이 포효'로 세계의 필드를 지배하는 자타공인 '골프황제' 우즈. 그가 남긴 짜릿한 명승부 장면은 수없이 많지만, 최고의 샷이라면 아마 2005년 마스터스 최종일 16번홀(파3)에서 나온 버디 샷일 것이다.

명불허전 타이거 우즈, 세계 최고의 샷

갈 길이 바쁜 우즈는 16번홀에서 회심의 샷을 날렸지만, 홀에 붙이기는커녕 온그린조차 실패했다. 상황이 좋지 않았다. 티샷 공은 프린지(Fringe, 그린의 주변)와 러프(Rough) 사이에 놓였다. 8미터 정도의 경사진 그린이라 파세이브조차 힘들어 보였다. 실수를 눈치챈 우즈는 고개를 잠시 떨궜고, 실망한 표정이 역력했다. 하지만 금세 평온한 얼굴로 돌아왔다. 밑바닥으로 떨어진 냉정함을 머리 위로 다시 충전하는 듯한 비장한 각오를 품은 채 말이다.

우즈는 신중하게 심호흡을 거듭하더니, 웨지샷을 날렸다. 너무 왼쪽으로 쳤다 싶었다. 공은 왼쪽 경사를 타고 흘러갔다. 그런데 어느 지점에 달하자 공이 90도 꺾이며 홀 쪽으로 다가서는 게 아닌가. 공을 굴린 우즈도 갤러리도 순간 숨을 죽였다. 가파른 그린을 타고 흐른 공은 정확히 홀에 종이 한 장, 지푸라기 한 올 차이만큼 다가서더니 멈췄다. 공이 홀에 걸터앉았다고 하는 표현이 정확할 것이다. 똑딱 똑~. 1.5초의 시간이 흘렀다. 바람이 공을 스치기라도 한 것일까. 찰나의 시간 후 공이 움직이더니 홀로 뚝 떨어졌다. 예술이라고밖에 표현이 안 될 정도의 멋진 버디샷이었다. 포효하는 우즈의 몸짓은 갤러리의 환호성 속에서도 도드라졌다. 역사상 그린에서 나온 가장 큰 박수 소리였을 것이다. 영화에나 나올 법한 마법 같은 샷, 역시 '호랑이'는 '호랑이'였다. 기세가 단단히 오른 우즈는 이 버디

샷으로 연장까지 갈 수 있었고, 결국 짜릿한 우승을 일궈냈다. 이 장면은 '세계 최고의 샷'으로 꼽히며, 아직도 골프팬 사이에서 회자되는 명장면이다. 특히 공이 홀에 걸터앉아 있던 1.5초가량 선명한 나이키 로고가 카메라에 클로즈업되면서 나이키가 천문학적인 금액의 광고 효과를 거뒀다는 뒷얘기 역시 전설로 남아 있다. 눈앞에서 신기의 이 샷을 봤다고 해도 믿기지 않는, 신이 미풍으로 공을 밀어 넣었다고 볼 수밖에 없는 지구촌 최고의 샷이었다.

#2. 1998년 미국 중북부 위스콘신주에서 열린 US여자오픈. 연장전 18번홀(파4) 티샷을 날린 박세리 표정이 일그러졌다. 훅성 드로우가 걸리면서 공이 물에 빠지기 일보 직전에 멈춘 것이다. 어드레스(Address) 자세가 나오지 않았다. 세컨드샷을 하려면 발을 물속에 담글 수밖에 없었다. 언플레이볼을 선언하고 해저드 처리를 할까, 그냥 칠까 고민하는 표정의 박세리. 마음을 단단히 먹었나 보다. 양말을 벗었다. 무욕의 세컨드샷으로 볼을 빼냈고, 스리온 후 2퍼트보기로 마무리했다. 박세리의 '맨발투혼'에 놀랐는지, 질렀는지, 상대방은 파세이브에 실패했다. 연장 두 번째홀에서 버디에 성공하며상대방을 제압한 박세리는 이로써 US여자오픈에서 우승 트로피를거머쥔 최초의 우리나라 골프선수가 됐다. 양말을 벗지 않았으면 우승 영광은 없었을지도 모른다.

박세리의 '맨발 샷'이 두고두고 회자된 것은 양말 속 하얀 살과

발목 위 햇볕에 그을린 살이 선명하게 대조되면서 '얼마나 연습을 많이 했으면 그럴까' 하는 감동과 함께 당시 국제통화기금(IMF) 외환위기를 겪고 있는 우리 상황에 역경 극복에 대한 희망을 주었기 때문일 것이다.

이 우승으로 박세리는 IMF 극복을 상징하는 국민 영웅으로 우뚝섰고, 골프에 대해 곱지 않았던 한국 사회의 인식을 개선하고 골프붐을 촉발하는 일등공신이 됐다. 박세리가 보여준 불굴의 도전정신은 수많은 '박세리 키즈'를 만들어냈고, 오늘날 LPGA를 평정하는 태극낭자들의 토양이 됐다. 한국 골프계, 나아가 세계 골프계 역사에 '위대한 투혼'으로 뚜렷하게 남아 있음은 물론이다.

샷버디·샷이글⋯ 박인비 잡은 '기적'의 김세영

#3. 중요한 경기에 빨간 셔츠를 즐겨입는 타이거 우즈처럼, 빨간 바지를 입으면 힘이 난다는 김세영 프로. 2015년 미국 하와이주에서 열린 롯데챔피언십 정규라운드 마지막 18번홀 장면이다. 우승을 넘보던 김세영이 18번홀(파5)에서 친 샷은 애석하게도 물에 빠졌다. 초구를 해저드에 빠뜨리자, 여기저기 탄식 소리가 들렸다. 3번째 샷도 그린에 올리지 못했다. 초상집 같은 분위기상 파는커녕 보기도 힘들어 보였다. 더구나 경쟁자는 천하의 박인비였다. '골프여제', '침

묵의 암살자'라는 별명을 갖고 있는 박인비를 넘는다는 것은 불가능해보였다. 박인비는 파만 해도 우승 자격을 이미 갖춰놓은 상태였다. 네 번째 샷 앞에 선 김세영의 눈빛이 빛났다. 조금 전 주눅 들었던 눈빛은 어느새 과녁을 정조준하면서 날카롭게 세워졌다. 온 힘을 짜내 아이언을 내리쳤다. 공은 에이프런을 맞고 어디론가 튀었다. 끝났다 싶었다. 아, 그런데 에이프런을 두드린 공이 그린을 타고 넘어 데굴데굴 한없이 굴러가더니 홀에 그대로 빨려들어가는 게 아닌가. 그림같은 샷, 아니 기적이라고 볼 수밖에 없는 샷, 버디였다. 극적으로 연장전으로 끌고 간 샷이었다. "골프는 장갑 벗기 전엔 아무도 모른다"는 것은 이를 두고 하는 말일 것이다. 그런데 기적은 일회성이 아니었다. 빨간 바지의 마법은 연장전에서도 재현됐다. 연장서 터진 샷이글. 칩샷 버디에 이어 기적보다 더 기적 같은 이글샷이 나온 것이다. 김세영은 전생에 나라를 구했고, 신은 그걸 뒤늦게 알고 이날 통큰 보상이라도 해준 것일까.

실망보다는 어이없다는 표정으로 멋쩍게 웃는 박인비. 웬만한 일에 꿈쩍 않는 '강심장'으로 유명한 박인비의 묘한 웃음과 함께 김세영의 환호 장면은 아직도 뇌리에 선명하다.

#4. 이번엔 '골프황제'를 꺾은 '바람의 아들' 양용은 프로 얘기다. 2009년 PGA챔피언십. 3라운드까지 타이거 우즈는 선두를 질주했다. 사람들은 우즈의 우승을 떼어 놓은 당상이라고 했다. 그도

그럴 것이 우즈가 메이저대회 최종일 선두로 나선 경기에서 역전 우승을 허용한 적이 없었다. 이날 양용은의 컨디션은 좋았다. 4라운드 막판에 우즈를 추월했다. 마지막 18홀에서 우즈에 1타차로 앞서 있었다. 그래도 갤러리들은 우즈의 역전 우승을 믿어 의심치 않았다. 사흘 내내 선두였던 우즈가 막판에 패한다는 것은 상상치 못할 일이었다.

양용은은 누구보다도 이 사실을 잘 알고 있었다. 우즈를 추월했다는 사실에 가슴이 떨렸고, 심장은 덜컥 내려앉았을 것이다. 한 홀만 버티면 '타이거 잡은 프로'라는 영예의 기록을 세울 수 있다는 사실 앞에 주체할 수 없는 흥분을 느꼈을 것이다. 머릿속이 복잡했을까. 18홀 티샷. 거리는 나쁘지 않았지만 왼쪽으로 꺾였다. 방향이 좋지 않았다. 세컨드샷을 하러 공에 다가갔는데, 생각보다 위치가 안 좋았다. 그린 방향 정면에 나무가 버티고 서 있었다. 나무가 큰 데다 오르막길 정중앙에 있어 넘기기 어려워 보였다.

내 실수는 상대방의 기회를 뜻한다. 우즈에게도 찬스는 왔다. "이대로 다시 역전을 허용하는 것인가." 그런 생각이 들 법했다. 남은 거리는 210야드였다. 잠시 고민하던 양용은은 첫날부터 유독 잘 맞았던 3번 하이브리드클럽을 택했다. 어드레스 후 과감하게 휘둘렀다. 딱~. 느낌이 좋았다. 공은 나무 오른쪽을 휘감듯 피하며 그린을 향해 빨랫줄처럼 날아갔고, 홀에 2.4미터 가까이 붙었다. 버디. 우즈가 아무리 골프 지존이라 하더라도 항복하지 않을 수 없는 완벽한 샷이었다. 우승을 확정하는 순간, 양용은은 주먹을 불끈 쥐었고 우즈는 다가와 축하해줬다. 이제야 사람들은 우즈가 메이저대회 3라운드 내내 선두를 달리다가 처음으로 역전패를 당했다는 것을 인정했고, '골프황제' 역시 인간이며 100퍼센트 완벽할 수는 없구나 하는 것을 깨달았다.

흥분 가라앉히고 겸손 돌아온 해턴, 결과는?

감동과 반전이 흠뻑 들어 있는 명장면이긴 하지만, 상식이 풍부한 골프마니아라면 앞의 소개가 식상할 수 있겠다. "다 아는 얘기를 뭐 그렇게 장황하게 늘어놓나" 하고 따끔하게 지적할 수도 있겠다 싶다.

이런 독자를 위해 다른 대회 장면 하나 복기해보자. 개인적으로 뽑고 싶은 최고의 경기다. 2019년 11월에 열린 유러피언투어 터키항공오픈(총상금 800만 달러). 이 대회에선 무려 여섯 명이 연장전을 벌였고, 혈투 끝에 티럴 해턴(잉글랜드)이 우승을 차지했다. 이 대회를 소개하는 것은 유난히 박진감이 넘친 경기였다는 점 때문은 아니다. 결론적으로 말하면, 이 경기는 춘하추동으로 상징되는 자연의 법칙, 삼라만상의 이치, 나약함과 때론 불굴의 정신력을 가진 인간 본질에 대한 사유, 오만과 겸손, 흥분과 평정심, 역전과 또 반전 등의 극적 요소 등 스포츠에서 음미할 수 있는 모든 교훈을 집대성했다는 게 내 평가다. 이 경기는 TV를 통해 봤고, 워낙 인상적이어서 주요 순간을 기록해봤는데, 다음 날 골프뉴스에는 크게 다뤄지지 않았다. PGA에 비해 상대적으로 국내에서 지명도가 낮은 유러피언투어인데다가 선수들 이름이 생소하다 보니 그냥 짤막한 뉴스로 처리한 것 같다. 스토리를 따라가 보자.

대회 3라운드까지 마티아스 슈왑(오스트리아)은 내내 선두를 달렸다. 2017년 챌린지(2부)를 거쳐 2018년 투어에 입성한 슈퍼루키인 슈왑은 190센티미터 이상의 장신에서 뿜어져 나오는 호쾌한 드라이버와 정교한 퍼트로 압도적인 경기력을 보였다. 이대로라면 투어 생애 첫 우승을 일굴 수 있겠다 싶었다. 그럴 정도로 거침이 없었다.

슈왑은 유럽투어 통산 4승 기록자인 해턴, 벤자민 에베르(프랑스)와 마지막 조에서 자웅을 겨뤘다. 14홀까지 20언더를 기록한 슈왑의 승리가 유력했다. 우승 문턱에 와 있다는 사실에 떨렸을까. 18홀까지 버디 하나 낚지 못했다. 3라운드까지 쏙쏙 들어갔던 퍼팅은 전부 짧았다. 남은 홀에서 버디 하나만 추가했다면 21언더로 우승을 차지했을 것이다.

일반 골퍼들도 이것은 안다. 긴장하면 할수록 퍼팅은 짧아지는 법, 한두 바퀴가 모자라 계속 버디 사냥에 실패하면서 슈왑의 고개가 숙여지는 순간이 많아졌다. 해턴은 바짝 독이 올라 있었다. 뭔가 풀리지 않는다는 듯 표정이 내내 일그러졌다. 16번홀(파3)에서 해턴은 온그린에 실패했다. 그는 어처구니없다는 듯 아이언을 내동댕이 쳤다. 갈 길이 바쁜데, 온그린도 못 했다는 자책감에 클럽에 화풀이를 한 것이다. 에베르 역시 좀처럼 점수를 내리지 못했다. 이러는 사이 앞의 앞의 조에 있던 커트 기타야마(미국)는 20언더로 마지막홀을 마무리하고 빠져나갔다. 뒷조에 쟁쟁한 이들이 많아 기대는 크지 않았지만, 점수상 공동선두로 끝냈기에 연장전 준비에 들어갔다. 슈왑팀 앞 조에선 마지막홀에서 이글 하나와 버디 하나가 터졌다. 18언더를 기록하고 있던 에릭 반 루옌(남아프리카공화국)은 이글로 곧장 2타를 줄여 20언더가 됐고, 빅토르 페레즈(프랑스)는 버디로 1타를 줄여 20언더 행렬에 동참했다. 막판에 극적으로 공동선두로 올라선 것이다.

60% vs 40%⋯ 확률, 보이는 게 전부는 아니다

드디어 마지막 조 앞에 운명의 18홀(파5 총길이 558야드)이 펼쳐졌다. 슈왑(20언더), 해턴(19언더), 에베르(19언더)의 표정은 진지했다. 입장은 달랐다. 슈왑은 공동선두였고, 버디만 추가하면 21언더파로 연장전을 기다리고 있는 선수들을 죄다 집으로 돌려보낼 수 있었다. 해턴과 에베르는 공동선두나 역전을 하려면 최소한 버디 이상이 필요한 상황이었다.

18번홀은 슈왑이 사흘간 두 번이나 버디를 한 홀이었다. 그에게 자신감이 느껴졌다. 그러나 샷은 흔들렸고, 온힘을 다했지만 파에 그쳤다. 사흘 내내의 선두 질주는 소용없었다. 그래도 그동안 벌어 놓은 게 있어 연장전 멤버로서의 자격은 충분했다. 해턴의 드라이버 샷은 멀리 갔지만 깊은 러프에 들어갔다. 세컨드샷조차 언덕 쪽으로 굴러가 파도 쉽지 않아 보였다. 고개를 절래절래 저었다. 네 번째 타수. 마지막 승부를 걸었다. 그린 밖에서의 웨지샷은 그림같이 그린에 굴러떨어지며 홀컵으로 들어갔다. 버디였다. 그 역시 짜릿한 샷으로 연장전 멤버로 합류했다. 에베르는 쉽게 버디를 낚았다. 이로써 20언더를 기록한 이는 여섯 명으로 늘어났고, 연장승부는 시작됐다.

어둠이 몰려오자 라이트가 켜졌다. 해설자는 "주요 선수들이 내일 이후 일정이 있기 때문에 무슨 일이 있어도 오늘 안으로 승부를 내겠다는 게 대회 주최 측 입장"이라고 전했다.

2개조로 짜인 연장 첫 번째 홀에서 에베르, 페레즈, 루옌이 탈락했다. 마지막 홀에서 불꽃 이글로 연장전에 낀 루옌은 자신의 탈락을 확인한 순간, 허망한 표정을 지었다.

연장 두 번째 홀, 신은 기타야마의 손을 들어주는 듯했다. 해턴은 벙커에서 서드샷을 하며 간신히 파를 기록했고, 슈왑 역시 깊은 러프를 돌아다니다가 가까스로 파로 막은 상황이었다. 기타야마의 조건은 매우 좋았다. 이미 서드샷으로 홀컵에 3미터 정도 붙여놨기에,

이를 집어넣기만 하면 됐다. 다들 끝났다고 봤다. 아, 기타야마로선 야속했을 것이다. 들어갔다고 봤던 공이 마지막에 홀컵 왼쪽으로 미세하게 비켜가는 것이 아닌가. 전투의지를 상실한 기타야마는 연장 세 번째 홀에서 탈락했다.

백미는 연장 네 번째 홀이었다. 슈왑과 해턴은 더 이상 물러설 곳이 없었다. 어둠은 점점 짙어졌고, 라이트에 비친 두 사람의 얼굴은 매우 피곤해 보였다. 슈왑의 드라이버샷은 호쾌하게 날아갔고 페어웨이 끝자락에 안착했다. 앞서 연장 세 번째까지 오른쪽으로 밀려 어려움을 겪던 샷에 비해선 대단히 만족스러운 샷이었다. 해턴의 초구는 페어웨이를 약간 벗어나 러프 쪽으로 갔다.

예측할 수 없는 게 골프라지만, 위치상 슈왑의 우승 확률이 60퍼센트라면 해턴의 우승 확률은 40퍼센트 선이라고 해설자는 분석했다. 망설이는 해턴이 화면에 잡혔다. 클럽 선택을 두고 고민하는 모습. 연장전 내내 초구는 비슷한 위치의 러프에 놓였고, 해턴은 7번 우드를 고집했다. 전부 투온에는 실패했다. 그나마 설거지(짧은 거리 마무리)가 좋았기에 망정이지 아니면 벌써 짐을 쌌을 것이다. 그런데 화면을 물끄러미 보다 보니 16번홀에서 온그린에 실패하자 클럽을 던지고 불같이 화를 내던 그 해턴이 아니었다. 평정심을 찾은 듯했다. 해턴은 7번 우드를 집어넣고 대신 아이언을 잡았다. 안전한 스리온, 레이업을 택한 것이다. 해턴의 전략은 괜찮았고, 실제 스리온에 성공했다.

슈왑은 시종일관 공격적인 모드를 취했다. 페어웨이로 공을 잘 보낸 슈왑은 아이언 4번을 잡았다. 투온 내지 에지 근처까지 보낸 후 버디를 노리는 작전이었다. 선택이 틀렸다고 말할 수는 없다. 프로라면 대부분 그렇게 했을 것이다. 하지만 심술 궂은 운명의 장난은 이때 시작됐다. 아이언 샷은 낮은 탄도로 멀리 날아갔지만, 온그린은 불발됐다. 에지 근처까지 갔으니 그건 다행이었다. 하지만 공 위치가 가장 어려운 곳 중 하나였다는 게 문제였다.

퍼팅을 하자니 언덕을 교묘하게 넘겨야 하고, 웨지로 하자니 급경사에 놓인 홀컵에 공을 붙이기가 쉽지 않은 위치였다. 머뭇거리던 슈왑은 웨지샷으로 붙이기를 시도했지만 공은 내리막길을 타고 한참 굴러가더니 다시 그린을 이탈했다. 뭔가에 단단히 홀린 듯 그린 밖에서 시도한 버디샷은 턱없이 길게 흘러갔고, 파 역시 불발됐다. 이미 전략적인 샷으로 파를 얻어낸 해턴은 손을 번쩍 들고 우승의 기쁨을 만끽했다. 모든 여건은 슈왑이 더 좋았지만, 우승컵의 주인은 해턴이었다.

위에서 잠깐 언급했듯이 이 경기를 역대 최고로 꼽은 이유가 연장전에 무려 여섯 명이 몰렸다거나, 극적인 장면이 유독 18홀과 연장전에서 많이 나왔다는 점 때문은 아니다. 유러피언 대회에서 여섯 명이 연장승부를 펼친 것은 앞서 두 차례나 있었으니 그리 놀랄 일은 아니다. 이 대회가 내 눈길을 특히 사로잡은 이유는 대회 마지막

날의 숨가쁜 레이스를 보고 있자니, 마치 인생과 같다는 느낌을 받았기 때문이다. 여섯 명의 엎치락뒤치락 하는 플레이에서 삶의 희로애락이 그대로 노출됐다. 추우면 따뜻해지고, 따뜻하면 언젠가 추운 법인 세상에서 예정된 운명일지라도 최선을 다해야 하는 우리 인간, 그 인간을 내려다보며 정해진 코스를 명(命)하는 신(神)의 영역이 오버랩되며 여러 가지 교훈을 주는 경기였다.

신예 슈왑은 마지막홀까지 투혼을 불사르며 '겁 없는 도전'의 가치를 보여줬지만, 신의 최종 선택을 받지 못했다. 루옌은 마지막 18번홀에서 이글이라는 극적인 결과를 얻어내 연장에 합류했지만 연장 첫홀 드라이버샷이 덤불에 빠지며 1벌타를 잃고 탈락했다. 신은 웬만하면 한 번은 몰라도 두 번의 기적은 선물하지 않나 보다. 작은 체구임에도 최장타를 뽐내며 연장 세 번째 홀에서 가장 유리한 고지를 점했지만 절호의 찬스(버디)를 놓치며 분루를 삼켜야 했던 기타야마는 마음대로 되지 않는 게 인생이라는 것을 보여줬다.

신은 어쩌면 겸손한 인간을 좋아하는가 보다. 샷이 형편없다고 욱해 골프채 집어던지며 성질머리 부렸던 해턴의 반성이 신의 마음을 움직인 것 같다. 7번 우드에 대한 집착과 과욕을 버리고 평정심을 되찾은 해턴을 최종 우승자로 낙점한 것을 보면 그런 생각이 든다. 슈왑에게 부족한 점은 별로 없었다. 프로로서 당당한 플레이로 임했다. 해턴 이상으로 칭찬받을 자격은 충분하다. 다만 운이 없었다.

인간이 아무리 발버둥을 친다 해도 일정 영역 이상은 '신의 선택'에 달린 것이다. 나약한 인간으로선 순간 순간에 충실하며 최선을 다할 뿐, 결과는 조용히 기다리는 게 미덕이다. 오만과 욕심과 의심은 신을 실망케한다. 이런 점을 재차 상기시켜준 유러피언투어 터키항공오픈은 그래서 마음속에 '베스트 투어'로 간직돼 있다.

4홀

골프는
송가인이다

　　　　　　얼마 전 우연히 텔레비전을 틀었
는데, 너무나도 애잔한 노래가 흘러나온다. 귀가 탁 트인다. 가요 방
송은 별로 좋아하지 않는데 그 소리가 워낙 애절하고 가슴을 파고
들어 채널을 돌릴 수가 없다.

"미아리 눈물 고개 임이 넘던 이별 고개
화약 연기 앞을 가려 눈 못 뜨고 헤매일 때
당신은 철사줄로 두 손 꽁꽁 묶인 채로
뒤돌아보고 또 돌아보고 맨발로 절며 절며 끌려가신 이 고개여
한 많은 미아리 고개~"

구슬픈 노래를 하는 주인공, 바로 송가인이다. 요즘 대세라고 하더니 그 말을 인정하지 않을 수 없는 최고의 노래였다. 한과 시원함을 동시에 간직한 그 목소리는 정말로 신이 내려준 목소리가 아닐까 싶다. MBC 특집 '송가인 콘서트, 가인이어라'를 보니 방청석에서도 난리, 그 자체다. '절세가인 송가인'이라는 피켓을 든 팬들이 손수건으로 눈을 훔치는 등 반은 눈물 바다요, 어깨 춤을 덩실덩실 추는 등 반은 웃음과 흥분 바다다.

사실 송가인을 유심히 봐왔다. 화제만발의 '트로트' 대회에서 경연하는 모습도 지켜봤다. 최종 우승을 할 때는 같이 기뻐했다. 송가인은 노래를 잘 모르는 내 눈에도 단연 낭중지추(囊中之錐, 주머니 속의 송곳은 뾰족하게 나올 수밖에 없다는 뜻으로, 재능 있는 사람은 언젠가 빛을 보게 돼 있다는 뜻)였다. "왜 저런 사람이 이제야 (공개 무대에) 나온 거지"라고 생각할 정도로 훌륭한 노래를 뽑아냈다. 송가인은 말했었다. "지난 8년간 무명생활을 보냈는데, 이렇게 노래를 할 수 있게 돼 정말 좋다"고.

언젠가 송가인은 방송에 출연해서 생계를 위해 비녀를 만들어 팔면서도 가수의 꿈을 놓지 않았고, 노래에 대한 꿈을 간직하고 있었기에 기나긴 무명가수 생활을 버틸 수 있었다고 고백했었다. 말이 8년이지, 그 오랜 시간 소규모 행사를 전전하면서 오로지 더 큰 무대에서 뛸 수 있다는 기대 하나로 묵묵히 내공을 다졌을 송가인을 생각하니 뭉클하지 않을 수 없다.

이런 송가인을 보니 떠오르는 게 한두 가지가 아니다.

참으로 타고난 것은 어쩔 수 없다는 게 첫 번째 느낌이다. 사람마다 좋아하는 스타일이 있겠지만, 송가인처럼 한스럽고도 심금을 울리는 그런 목소리를 들어본 적이 없다. 천상의 목소리이고 오묘하다. 흔히 송가인의 노래를 듣고 판소리와 민요, 트로트 등을 떠올린다고 하는데 그것이 맞는 것 같기도 하고 아닌 것 같기도 하다. 내 귀엔 송가인의 카랑카랑한 노래가 자장가처럼 들리다가도 어느 순간 폭발적인 락처럼 다가온다. '팔색조'라는 단어로도 설명할 수 없는 일곱 빛깔, 아니 오십 빛깔 아름다움이 그의 노래에 담겼다. 이런 가수 정말 못 봤다. 이건 노력만으론 안 되는 것이다. 갖고 태어나야 하는 것이다. 트로트경연 대회에서 재야(在野)의 난다 긴다 하는 고수들이 송가인 앞에서 빛이 희석된 것은 이 때문일 것이다.

평범한 사람들에겐 속상하고 원통한 일이지만, 사실 천부적인 재능을 갖고 태어난 이를 이기는 것은 쉽지 않은 일이다. 에디슨은 비록 "천재는 1퍼센트의 영감과 99퍼센트의 노력으로 이뤄진다"고 했지만, 노력으로 천재를 이기기는 쉽지 않다. 학원이든, 유학이든, 개인교습이든 죽어라고 빵을 공부를 해서 '빵 박사'가 된다 한들 빵냄새에 관한 한 절대후각을 타고난 '제빵왕 김탁구'를 누를 수 있겠는가. "홍시 맛이 나서 홍시라고 했을 뿐인데, 왜 홍시 맛이 나느냐고 물으면 어쩌하느냐"는 장금이처럼 '원조 절대미각' 앞에서 조리능력을 자랑하는 것은 어리석은 일일 것이다. 물론 재능만으론 세상에 우뚝 설 순 없다. 하늘이 준 능력을 믿고 만사를 게을리하면 큰 코 다치는 법이다. 거북에 언젠가 밀리는 토끼처럼 말이다.

송가인은 혹독한 판소리 연습 후 성대결절이 생겼고, 그것 때문에 한때 심한 고통을 겪었지만 가수에 대한 꿈을 포기하지 않고 다시 피나는 연습을 했다고 한다. 그런 면에서 '타고난 노래꾼'에 더해 '연습벌레'로 살아온 날이 오늘날의 빛으로 연결됐을 것이다. 그러고 보면 송가인은 골프와 꼭 닮았다. 재능과 열정, 좌절과 도전, 그 속에 스토리가 가득한 인생 자체가 마치 필드 같다.

강철체력 하나는 타고난 운동선수 출신의 친구가 있다. 동창생이다. 아버지 안재형, 어머니 자오즈민의 '운동 DNA'를 챙긴 채 세상 밖으로 나온 장타자 안병훈 프로와 같은 케이스일지 모르겠다. 아무튼 학창시절에도 녀석은 남보다 머리 하나는 더 컸고, 울퉁불퉁 근육도 대단했다. 육상, 테니스, 야구 운동부가 서로 끌어가려고 집요하게 따라다녔을 정도였으니 몸 하나는 끝내주는 놈이었다.

수년 전 녀석을 필드에서 만날 기회가 있었다. 골프 경력은 1년 정도밖에 안 된다고 했다. 견고한 80대 초반 타수를 자랑(?)하고 있을 때니 은근히 자신은 있었다. 그런데 완패였다. 녀석은 싱글을 쳤다. 그것도 정확히 75타. 아마추어로선 꿈의 기록인 '스리 오버'를 기록했다. "너 1년 된 것 맞아?" 의심의 눈초리를 날렸더니 "정말이야"라고 한다. 거짓말할 놈은 아니다.

얘기를 들어보니 내 입장으로선 서글프기까지 하다. 우연히 골프를 치게 됐고 연습장에서 3개월 동안 열심히 레슨을 받았단다. 운동선수 출신답게 인내력은 있는 편이라, 매일 연습을 빠지지 않았단다. 골프를 시작하고 보니 자기에게 맞기는 맞는 운동이더란다. 머리를 얹으러 필드에 나갔을 때 80대 초반 타수를 쳤다. 생각보다 쉽더란다. 그 얘기를 들으니 참 어이가 없었다. 머리를 얹던 날, 땅으로만 계속 꺼지는 공을 보고 정신없이 뛰어다니던 기억밖에 없는 나로선 뒤통수를 망치로 한 대 맞은 듯한 기분이 들었다.

그날 녀석은 300야드 장타를 휘둘렀다. 평균 200야드에다가 오잘공(오늘 가장 잘 맞은 공) 해봐야 230~240야드 나가는 나와 매번 70~80미터 차이가 나니 영 게임할 맛이 나지 않았다. 물론 장타가 만사는 아니다. 놀랄 만한 장타를 보여주는 아마추어는 많고도 많다. 그렇다고 모두 후속 플레이가 완벽한 것은 아니다. 실제 만나본 장타자 중 세컨드샷이 오버되거나 어프로치샷이 부정확해 결과적으로 두렵지 않은 상대였던 이도 많았다. 그런데 녀석은 아니었다. 세컨드샷도, 어프로치샷도, 심지어 퍼팅까지 완벽했다.

"운동한 게 도움은 되나 봐." 녀석은 그렇게 멋쩍은 웃음을 짓고 사라졌다. 내게 딴 돈으로 밥을 사주고 말이다. 그때 결심했다. '다음부터는 운동선수 출신과는 골프를 치지 않겠다'고.

타고난 능력, 거기에 합쳐진 노력의 결과물

선배 중 한 명 역시 아마추어로선 초고수다. 체구가 그다지 크지 않다. 그런데도 장타를 날리며 세컨드 이후 정교한 샷을 자랑한다. "어떻게 그렇게 골프를 잘 치세요"라고 물었더니 "죽어라고 연습한다"고 했다. 그에겐 아픔(?)이 있었다. 골프채를 잡은 이후 어느 정도 자신이 붙을 만할 때 어찌어찌 처음으로 내기골프에 합류했다. 내기 안 하면 재미없다고 다들 그러는 분위기에 휩쓸리다 보니 그렇게 됐단다. 전반 홀이 끝나기도 전에 가진 돈을 싹 털렸단다. 내기골프에 관한 한 상대방은 달인들이었던 것이다. 너무 약올랐단다. 그날 저녁 집으로 가지 않고, 골프연습장에 갔단다. 죽어라고 공을 때렸다. 그 이후 필드에서 망치면 연습장 가서 공만 쳤다. 과장 조금 섞으면, 하도 때리니 손에서 피가 나더란다. 평생 만나본 이 중 최고수에 속하는 그의 골프실력은 이처럼 '눈물겨운 연습'이 비법이었던 것이다.

아마추어도 이럴 정도인데 프로야 오죽하겠는가. 재능과 연습의 결합 없는 프로는 없을 것이다. '현존하는 최고의 골퍼'라는 우즈는 재능과 배짱을 타고 났지만, 거기에서 멈추지 않았다. 피나는 연습을 통해 세계 최고 기술을 다듬어 전 세계의 필드를 평정했다. 사람들은 잘 모른다. 우즈가 세상에서 둘째 가라면 서러워할 정도의 지독한 연습벌레였다는 것을. 골프 뉴스에서 본 기억이 난다. 우즈가 처음으로 메이저대회 우승을 한 것은 스무 살이 갓 넘었을 때인데, 이때까지 우즈의 누적 연습시간을 계산해 보니 1만 시간이었단다. 범인이라면 상상하지 못할 시간이다.

어디 우즈뿐이랴. '위대한 여성 골퍼'로 첫손에 꼽히는 소렌스탐은 남다른 강철멘탈을 갖췄지만 혹독한 맹훈을 거쳐 자신만의 독특한 기본기를 익혔고, LPGA 무대를 주름잡았다. 박세리를 비롯해 박인비, 박성현, 최혜진 등 우리 태극낭자가 LPGA를 평정하기까지엔 그들만의 눈물겨운 노력이 깔려 있었음은 물론이다. 트로트 가수로서 천부적 소질을 갖춘 데다 인내의 연습기를 거친 송가인의 삶은 그래서 프로골퍼의 인생과 비슷한 구석이 많다.

다만 송가인의 매력은 꼭 재능이나 노력 때문만은 아닌 것 같다. 트로트를 부르는 송가인에게 1020팬도 많다는 얘기를 들었다. '아이돌'에 환호하는 젊은 층에 트로트 가수가 어필하기는 쉽지 않을 텐데 말이다. 그 이유로 웃는 얼굴을 바탕으로 한 '긍정의 힘'을 꼽고 싶다. 하나가 예쁘면 백이 예뻐 보인다고, 말 본새가 정결해 보인다. '송가인이어라' 특집 방송에서 송가인은 생글생글 웃으며 "내가 좋은 사람이 되어 좋은 사람이 (내게) 오도록 하는 것이 좌우명"이라고 했다. 기나긴 시간의 외로움, 기다림, 그리움이 응축돼 있는 말이다. 그리고 그 속에는 긍정이 담겼다. 박대가 심한 시절을 보내면 심성이 뒤틀릴 법도 한데, 그게 아니다. 매우 곧다. "남들에 좋은 사람이 되고 싶다"는 긍정 마인드는 쉽게 얻어지는 게 아닌데, 고난 속에서 익힌 내공이 장난이 아니다.

'긍정의 힘'은 골프에서 위력적인 결과로 이어지기도 한다. 장하나 프로가 그렇다. 2019년 10월 부산에서 열린 LPGA투어 BMW 레이디스 챔피언십. 16, 17번홀서 버디를 하면서 장하나는 무서운 뒷심을 발휘하고 있었다. 이 연속 버디로 공동선두에 올랐다. 18번홀에 선 장하나는 앞 조에서 선두를 달리던 다니엘 강이 파로 끝마쳤고, 자신과 현재 동타라는 사실을 잘 알고 있었다. "버디 하나면 역전 우승." 이런 생각이 지배했을 것이다. 초구는 아주 좋았다. 벙커를 피해 한참을 굴러 페어웨이에 안착했다. 그런데 세컨드샷이 좋지 않았다. 온그린은 성공했지만, 버디를 하기엔 거리가 멀었다. 카메라가 장하나의 모습을 클로즈업했다. 잠깐 실망하는 듯했다. 그런데 그 다음이 재미있다.

곧바로 웃음을 되찾더니 뭐라고 중얼거렸다. 그 말이 그대로 TV를 통해 전달됐다. "뭐가 걸렸어. 채가 안 나가. 그래도 됐지 뭐, 온시켰으면 됐지 뭐. 하하하." 장하나 특유의 낙천적인 기질을 엿볼 수 있는 대목이었다. 그 홀을 파로 끝낸 장하나는 연장 세 번째 홀에서 버디를 낚음으로써 다니엘 강을 재치고 역전 우승했다. 프로의 실력은 종이 한 장 차이인 법. 다니엘 강의 샷이 모자랐다고 보지 않는다. 연장 세 홀까지 다니엘 강의 표정은 경직됐고, 장하나는 끝없이 웃었다. 그게 대비됐다. 장하나는 샷을 날리고 때론 뜀박질을 하며 호탕한 웃음으로 활력 있는 경기를 펼쳤다. 끊임없이 자기 최면처럼 쏟아내는 긍정마인드, 이게 장하나가 우승한 비결이었다고 본다.

강공이냐, 레이업이냐, 선택 자체가 바로 인생

송가인 얘기를 한참 하다 보니, 또 생각나는 게 있다. 참으로 인간의 운명은 예정돼 있구나 하는 것이다. 송가인이 참가한 트로트 경연대회를 비교적 처음부터 봤는데, 도전자들이 참 많았다. 100여 명은 되는 것 같다. 경연대회 출발점에 선 이들의 참으로 다양한 사연, 서로 다른 색깔에 놀랐다. '같은 꿈'을 향해 각자 최선을 다하는 모습을 지켜보는 것은 즐거운 일이었다. 탈락자들이 진한 아쉬움을 뒤로한 채 각자의 길로 다시 되돌아가는 장면은 아름다웠다.

인생도 마찬가지다. 출발은 같지만 종착지가 같을 수는 없다. 언젠가 원희룡 제주지사를 만났는데, 지난 5년간 골프를 치지 못했단다. 골프채가 어디에 있는지도 모르겠단다. 골프가 부담되는 측면도 있지만, 더 큰 이유는 누구랑 치고 누구랑 안 치면 지역에서 금방 소문이 난단다. 그리고 보면 내 돈 내고 치면 되는 게 골프인데, 그것도 마음껏 못 한다니 자기 절제가 우선인 공직자의 삶이 그다지 부럽지는 않다.

만난 김에 물어봤다. "근데 왜 조국 전 법무부 장관에게 그런 얘기를 했어요?" 원 지사는 '조국 사태'가 한창인 때 "친구야, 그만 하자"고 해 화제가 됐었다. "별 뜻 없었어요. 유튜브 방송에서 그냥 지나가는 말로 한 것인데, 그게 이슈가 될 줄 몰랐죠."

알다시피 원 지사와 조 전 장관은 서울대 법대 동기다. 그에게서만 들은 것은 아니고, 다른 사람들로부터 귀동냥한 것을 종합하면 서울대 법대 82학번 숫자는 유달리 많았다. 당시 입학정원 확대 정책에 따른 것이다. 동기생은 총 360명이었다. 6개반으로 운영됐다. 성적순이었다. 1등은 1반, 2등부터 6등은 2~6반으로 차례로 배정됐고, 7등은 다시 1반이 되는 식이었다. "지사께선 당연히 1반이었겠네요"라고 했더니 웃기만 한다. 유명한 얘기지만 원 지사는 수석 입학자다. 암튼 이렇게 360명은 동시에 출발했다. 모르긴 몰라도 법대 한쪽 건물에서 이들은 환영식을 치렀을 것이다. 원 지사를 비롯해 나경원 전 한국당 원내대표, 조 전 장관, 이혜훈 바른미래당 의원, 조해진 전 의원 등 지금은 거물이 된 이들이 그때 그 자리에 함께 있었을 것이다.

머리가 좋은 사람들은 서로 질투도 심한 법. 6반으로 나뉜 이들은 서로 경쟁하며 자신의 꿈을 향해 달렸을 것이다. 그러다가 어떤 이는 운동권, 어떤 이는 정치권, 어떤 이는 교수, 어떤 이는 언론인, 어떤 이는 사업가, 어떤 이는 평범한 직장인으로 다른 인생을 살게 됐을 것이다. 저마다의 사연을 간직한 채 말이다. 대한민국에서 가장 머리가 좋다는 집단, 대한민국에서 가장 많은 사회지도층을 만들어 낸 집단, 그만큼 불공정과 특혜 시비로 이 땅에서 가장 많은 뒷말을 양산해낸 집단, 그리고 머리 좋은 사람들이 모인 만큼 이 땅에서 가장 단합력이 '모래알' 같다는 얘기를 듣는 집단, 이런 서울대 법대 얘기를 꺼낸 것은 괜한 일로 비판하자는 것이 아니라 그 자체가 인생이라는 것을 강조하기 위함이다.

인생에서 같은 출발선에 놓여 있던 이들이 있다. 초등학교 동창일 수 있고, 회사 동기일 수 있다. 그러나 인생 중간역 또는 종착역에 다 함께 있을 수는 없는 것이다. 각자 자신만의 살아가는 방식으로 그 많은 사람들이 뿔뿔이 흩어져 어디에선가 자신의 인생을 살고 있을 것이다. 송가인과 같은 경쟁 출발점에 서 있던 100여 명 중 상당수가 현재 자신의 길을 가고 있는 것처럼 말이다. 누가 더 성공했고, 누가 덜 성공했는지 가리는 것은 여기선 의미가 없다. 각자의 인생엔 각자의 이유가 있는 법이다.

이런 인생들은 어쩌면 골프와 오버랩된다. 골프로 따지면 그들은 자신만의 샷으로 인생 여정을 소화했거나 소화할 것이다. 드라이버샷으로 거리를 추구해온 삶, 레이업으로 안정을 꾀해온 삶, 모아니면 도 식의 과감한 퍼팅으로 살아온 삶 등 천차만별 방식으로 말이다.

서울대 법대 같은 초엘리트 집단과는 비교할 수 없지만, 나 역시 같은 선상에서 출발한 친구들이 있었다. 공부는 제법 하지만 가난했던 아이들을 모아 공짜로 공부시켜주는 곳, 그런 특수목적공고에서 우리 친구들 600명은 3년간 기숙사 생활을 했다. 3년간 같이 먹고, 같이 입고, 같이 잠을 잤으니 형제와 다름없다.

그때 신입생 환영식을 함께했던 친구들은 같은 자리에 있지 않다. 어디론가 다 흩어졌다. 고위 임원이 된 친구, 사업에 성공한 친구, 매니저를 하는 친구, 농사짓는 친구, 참 다양하다. 그들 역시 본인이 선택한 클럽과 샷으로 자신만의 인생(골프)을 개척했을 것이다. 누가 출세했고, 누가 돈을 많이 벌었고, 누가 현재까지 잘나가느냐는 중요하지 않다. 누구에게나 값진 스토리는 있는 법이니까.

정치인 얘기가 나왔으니 하나만 더 하자. 이 역시 인생과 골프 얘기다. 얼마 전 임종석 전 청와대 비서실장이 불출마 선언과 함께 아예 정계은퇴까지 시사해 여권이 난리가 난 적 있다. 언론들이 부리나케 의중파악에 나섰지만, 확실한 이유가 밝혀진 것은 없다. 종로에서 나오고 싶었는데 잘 안 돼서 그렇다는 말도 있고, 예전에 의원은 물론 청와대 일까지 해봤으니 정치에 대한 미련을 끊고 젊었을 때 꿈꿨던 NGO에 전념키로 했다는 등의 얘기도 뒤따른다. 그렇지만 정확한 사유를 아는 이는 없는 것 같다. 그건 별로 중요하지 않다. 그의 인생이니까. 의원을 한 뒤 백수가 됐다가 서울시 부시장으로 일할 때 그를 만난 적 있다. "열심히 하겠다"고 했지만, 그때의 정치판에 대해 많은 아쉬움을 토로한 기억이 난다. 그가 바라던 정치판이 아니었던 것 같다. 대통령 비서실장까지 했지만, 그런 생각은 여전한 것 같다. 문재인 대통령의 '복심'이라고 남들이 얘기하지만, 난 그렇게 여기지는 않는다. 그가 걸어온 길과 문 대통령의 길은 '결'이 조금 다르다. 임 전 실장은 보다 근원적인 고민을 하는 것 같다. 뭘 최종 선택하든 그가 골프로 따지면 어려워보이긴 하지만 해저드를 넘겨 직접 홀을 공략하느냐, 아니면 레이업을 통해 좋은 페어웨이에 안착시킨 후 안정적으로 홀을 노리느냐, 이런 유의 장고를 하는 것으로 내 눈엔 보인다. 한 정치인에게 들은 얘기론, 현재 여권에서의 골프 최강자는 임 전 실장이라고 한다. 드라이버샷이 힘차고 공은 빨랫줄처럼 직선으로 곧장 뻗는단다. 폼도 아주 좋단다. 풍채가 있고 단단해 보이는 체형을 감안하면 대충 짐작이 간다. 고수 냄새가 난다. 골프를 잘 친다는 임 전 실장이기에 그의 기로를 골프와 연결해봤다. 그의 선택이 좋은 결과로 이어지길 바란다.

점점 무뎌지는 샷, 거기에 세월이 담겼다

골프 경력이 늘어나다 보면 겸손해지기 마련이다. 그럴 수밖에 없다. 골프맛을 좀 알겠다 싶을 때 까불다가 혼나본 경험을 누구나 해봤기 때문이다. 왜 그렇게 강호에는 숨은 고수들이 많은지, 그 고수들이 하필 내 앞에 대거 나타나는지 그 '미스터리'를 풀 순 없지만 말이다.

인생이 곧 골프라는 명제를 천하의 송가인이라고 해도 벗어날 수 없다. 필드에서 영원한 고수는 없다. 현재의 고수는 언젠가 미래의 고수 앞에 무릎을 꿇는다. 그걸 세대교체라고 한다. 마찬가지로 영원히 정상에 머무는 가수는 없다. 강호의 이름 없는 낭인에 머물던 송가인이 어느 날 초절정 내공을 앞세워 중앙을 평정한 것처럼, 언젠가 제2, 3의 송가인이 나타나 그 자리를 위협할 것이다. 다만 그 시점이 늦춰졌으면 한다. 송가인의 노래는 더 오랫동안 듣고 싶다.

옛날, 선배들과 어울려 툭하면 노래방으로 우르르 몰려가던 시절이 있었다. 조용필의 '창밖의 여자'를 목청껏 불러제꼈다. 핏대를 세우고 "누가 사랑을 아름답다 했던가~"를 연신 외쳤다. 박수 꽤 받았다. 어느 날 그때 그 자리에 있던 선배와 노래방에 간 적이 있다. 같은 노래를 불렀지만 흥이 나지 않는다. 반응도 조용하다. 노래방을 나올 때 선배가 툭 쳤다. "너도 늙었구나. 고음이 안 올라가는 것을 보면. 후배가 이러니 나는 얼마나 늙었을까. 그러니 슬프다 슬퍼."

맞다. 세월 앞에 장사가 있겠나. 골프 역시 그렇다. 간혹 아마추어 골프계를 휘잡았던 '전설의 선배'들과 운동할 일이 생긴다. 드라이버샷이 안 보일 정도로 멀리 간다며 김 씨 성을 붙여 '장타 김'이라 불리던 선배, 냉철하게 잘 친다는 뜻으로 '독사'로 불린 선배, 퍼팅에 관한 한 프로 부럽지 않은 기술을 가졌다고 '퍼달'(퍼팅의 달인)로 불렸던 선배 등등. 강호의 초절정 고수로 한때 이름을 날렸던 이들이다. 이들의 플레이는 역시 세월을 실감케 한다. '장타 김'은 어느새 '단타 김'이 됐고, '독사'는 독이 빠졌으며, '퍼달'은 '미달(미스 퍼팅의 달인)'이란 이름으로 대체됐다. 물론 그래도 좋다. 추억은 사라진 것은 아니고, 우리 가슴에 남아 있으니까.

그러고 보니 여태 '송가인 예찬론'을 쏟아내며 주관만 쫙 늘어놓은 것 같다. 그러나 어쩌겠는가. 너도나도 할 것 없이 송가인을 대세라고 한껏 추켜세워 주는데. 송가인 콘서트를 시청한 후의 단상이 너무 장황했다.

5홀

이유 없는
홀인원은 없다

내가 아는 중견그룹 회장 얘기다.

홀인원이란 무엇인가에 대해 생각하게 해준다.

그 회장의 꿈은 죽을 때까지 홀인원을 열 번 하는 것이다. 왜 그런 목표를 정했는지는 물어보지 않았다. 10여 년 전에 만났을 때 그는 홀인원을 평생 세 번 했다고 했다. 나머지 일곱 번을 더하겠다고 했다. 그 이후로 그를 만나지 않았으니 그가 이후 몇 번의 홀인원을 했는지, 아니면 더 이상 못 했는지는 잘 모르겠다.

첫 번째 홀인원을 했을 때 하늘을 날아가는 것 같은 기쁨을 느꼈단다. 세상 모든 것이 자기 것으로 느껴지더란다. 동반자는 물론 회사 직원까지 아낌없이 선물했단다. 얘기는 안 했지만 통큰 스타일상 몇 백만 원, 그 이상 썼을 수도 있다. 이후 사업이 잘되더란다.

말그대로 술술 풀리더란다. 생각지도 않던 오더가 줄줄이 이어지더란다.

어느 날 두 번째 홀인원을 기록했다. 그냥 입을 닫았단다. 첫 번째 홀인원을 했을 때 너무 비용을 많이 썼고, 처음도 아닌데 그냥 지나가자고 생각하면서 동반자에게 최소한의 선물만 보냈단다. 그런데 사업이 잘 안되더란다. 그냥 꼬이고 꼬이더란다. 불황과 겹쳐 사업은 힘들어졌고, 고생도 많이 했다고 했다.

세 번째 홀인원을 기록한 날, 그래선 안되겠다고 생각했단다. 생애 첫 번째 홀인원만큼 주변에 선물을 돌렸단다. 그랬더니 회사가 잘 굴러가더란다. 평소 신뢰할 만한 언변을 가진 사람이고, 그가 직접 들려준 얘기니 거짓말은 아닐 것이다.

이역만리 망망대해에서 건져 올린 월척 도미

10년 이상 형, 동생하는 사이인 지인이 있다. 그 역시도 홀인원을 해봤다. 말레이시아에서 생애 첫 홀인원을 했다. 사실 외국에서 홀인원을 했다고 하면 인정하지 않는 기류가 있기는 하다. 게다가 동남아에서 했다면 더욱 평가가 짜다. 동남아 캐디가 팁을 더 받으려고 일부러 포대그린(주변 페어웨이보다 솟아오른 그린. 페어웨이 샷 지점에서 보면 높은 곳에 위치했기에 공이 들어갔는지 안 들어갔는지 시각적으로 확인하기 어려울 수 있다)에서 홀인원을 만들어준다는 얘기가 있는 게 사실이니까.

그런데 그 형의 말은 이랬다. "진짜라니까. 파3홀이 한눈에 보였어. 누가 밀어 넣어주고 그럴 상황이 아니었다니까." 정말 억울하다는 그의 표정에서 난 홀인원을 일찌감치 인정했다. "알았어요. 홀인원 의심 안 합니다." 그가 홀인원을 한 후 일정 시점이 지난 어느 날이었다. 윗사람이 찾더란다. 자기 쪽으로 와 고생 좀 하면 임원을 시켜주겠다고 하더란다. 솔깃했다. 그런데 며칠 뒤 외국 발령 소식을 들었다. 고민이 생겼다. 남아서 임원을 향해 한번 죽자 사자 뛰느냐, 외국에 갈 좋은 기회가 있는데 이를 받아들이느냐 하는 문제는 쉽지 않은 선택이었다. 여차여차 해서 그는 외국행을 택했단다. 세상일, 뭐 뜻대로 되겠는가 싶었다. 결국 미국으로 발령을 받았다.

처음에 낯설었지만 차츰 정이 들더란다. 어느 날 바닷가에서 릴 낚시를 하는데, 뭔가 느낌이 왔다. 이거, 정말 크구나. 그런 생각이 들 정도로 손맛이 짜릿했다. 그런데 몸부림치는 물고기 힘이 장난이 아니었다. 전문 낚시꾼이 아니라서 그런지 물고기와의 사투는 힘겨웠다. 밀고 당기기를 수분, 아니 수십 분 지났을까. 낚싯줄이 끊어지지 않을까, 그러면 다된 밥에 코 빠뜨릴까 걱정이 됐다. 할 수 없이 배에 탄 선장에게 SOS를 청했다. 대신 잡아주면 안 되겠느냐고 하면서 말이다. 시종일관 물끄러미 물고기와 싸우던 그를 쳐다보기만 하던 선장의 답은 의외였다. 단박에 거절했다. "당신이 잡은 고기니까 당신이 끌어올려야죠. 그걸 내가 도와주면 내가 잡는 게 되는 겁니다." 뭐 이딴 선장이 다 있나 하고 생각하면서 물고기와 팽팽한 씨름을 계속해 나갔다. 그래 까짓것 너 죽고 나 죽고 한번 해보자. 오기가 생기더란다.

20여 분의 힘든 시간이 지났고, 낚싯줄은 늘어졌다. 물고기가 결국 힘을 다했는지 생존의지를 포기한 것이다. 이렇게 물고기는 바다 위로 낚여 올려졌다. 1미터20센티미터. 대형 도미였다. 나중에 들으니 전문 낚시꾼도 잡기 어려운 대어였단다. 이역만리 망망대해에서 월척을 낚은 것이다. "나중에 생각했어. 그 선장이 왜 도와달라고 했을 때 거절했는지. 아마 끝까지 자기가 책임지고 해냈을 때 행운도 자기 것이 되는 것이라고 말하고 싶었을 거야. 지금 생각해보니 그래. 내가 낚시 밥으로 도미를 유인해 낚는 데까지는 성공했지만, 선장이 끌어올리면 그게 선장이 한 것이지 내가 한 것이 아니잖아? 설사 낚싯줄이 끊어진다고 해도 내가 마지막까지 최선을 다해 고기를 낚는 것, 그래야 진짜 내 월척이 된다는 것을 선장은 거부의 말로 보여줬던 거야. 그걸 나중에 깨달았지."

마치 월척 하나로 도를 터득한 것 같은 그의 말은 이랬다. 홀인원의 행운이 도미 낚시까지로 이어진 것인지는 잘 모르겠다. 어쨌든 그 형은 홀인원 후 임원도 됐고, 마음 편하게 살다가 해외 임무를 마치고 귀국했다. 아이들도 영어에 능통하게 돼 그걸 계기로 좋은 대학에 다들 갔다고 하니 참 운이 좋은 사람임은 분명하다. 그 역시

"난 행복한 사람"이라며 부인하지 않으니 시샘만 날 뿐이다.

　사람들은 흔히 말한다. "홀인원을 하면 3년간 재수가 좋다고."

　이 말이 맞는지 틀리는지 검증은 하지 않았지만, 대개 맞을 것이다. 신이 행운을 아무나에게 주는 것은 아닐 것이기 때문이다. 위 사례를 보면 확실히 그렇다.

　그런데 여기서 눈여겨봐야 할 것이 있다. 신이 운을 선사해주면 반드시 뭔가를 주변에 나눠야 의미가 있고, 그 운이 더 큰 행운으로 연결된다는 것이다. 앞에서 소개한 중견그룹 회장의 경우 첫 번째 홀인원 때는 주변과 그 행운의 즐거움을 함께 나눴는데, 두 번째는 이를 생략했더니 사업에 위기를 맞더라는 이야기는 여러 가지로 곱씹어 볼 필요가 있어 보인다. 물론 사업 불황은 어차피 예정된 일이었고, 홀인원과는 아무런 상관이 없을 수도 있다. '까마귀 날자 배 떨어진다'고 괜히 둘을 억지로 연결한다는 시각이 있을 수 있겠다. 하지만 세 번째 홀에서 다시 주변과 운을 나누자 사업이 제자리를 찾더라며 홀인원을 하면 주위에 뭔가를 토해내야 한다는 확고한 믿음을 갖게 된 그에게 반론을 펼 생각은 없다.

　월척 도미를 잡았다는 그 형은 도미를 곧바로 얼려 포구에 돌아와 사람들과 공짜로 '도미 잔치'를 벌였다고 한다. 모두 즐거웠고, 도미 파티에 시간 가는 줄 모르고 재미있는 시간을 보냈단다. 씀씀이가 작지 않은 그 형이고 보면 자랑은 안 했지만 아마 말레이시아 홀인원 후에도 동반자나 캐디에게 통 크게 쐈을 것이다. 그리고 보면 홀인원은 본질상 '나눔의 미학'을 갖고 있는 것 같다. 거창하게 말하면 홀인원과 같은 행운에는 반드시 '사회적 책임'이 뒤따른다고도 말할 수 있겠다.

홀인원 하면 3년간 재수가 좋다, 맞는 말일까

소셜네트워크서비스(SNS) 시대다. 페친들은 매일매일 새로운 소식과 함께 자기 생각 또는 세상 돌아가는 일을 페이스북에 올린다. 주로 '눈팅'하는 입장이지만, 사람들의 다양한 생각을 엿볼 수 있다는 점에서 페북을 들여다보는 것은 매우 재미있는 일이다.

그런데 가끔 페북에 홀인원을 했다며, 이글을 했다며 사진 몇 장과 함께 약간의 감상을 곁들여 올리는 이가 있다. 아주 가끔이지만 말이다. 분명 축하할 일이다. 전화를 걸어 덕담을 건네고, 이도저도 여건이 안 되면 댓글을 꼭 달아주는 편이다. 그런데 몇 천원 짜리 티(Tee) 하나 보내주는 이 없다. 그럴 수 있겠다 하며 넘어가지만 조금은 씁쓸하다. 하긴 각박한 세상에서 변한 것이 한두 개랴.

내 친구 얘기다. 생일선물로 케이크 두 개가 택배로 왔다. 둘 다 큼지막했다. 아이가 기숙사에 있기에 부부 둘이 먹기에는 너무 많았다. 고민하다가 옆집 초인종을 눌렀단다. 어차피 냉장고 속에 들어가 있다가 쓰레기통으로 향할 운명의 케이크인지라 옆집하고 나누려는 요량이었다. "옆집인데요"라는 말을 몇 번이고 확인한 후 문을 열어준 여성 분은 한사코 경계하더란다. 여차여차 해서 이렇게 됐다고 설명해도 '무슨 부탁할 것이라도 있나' 하는 표정으로 위아래를 계속 훑어보더란다. 쓸데없는 일을 했다 싶었다. "하긴 나 같았어도 그랬을 거야. 얼굴도 모르고 평소 인사도 안 하던 옆집에서 갑자기 뭘 들고 오면 먼저 이상한 생각부터 들 거야." 친구는 그렇게 얘기를 마무리했다.

사실 누군가와 뭔가를 나눈다는 것은 어느 정도 사회적 공감대가 형성돼야 자연스러운 일일 것이다. 안면 틀 일 없는 아파트의 삶에선 나누는 것도, 받는 것도 익숙하지 않다.

내 할머니는 정이 많으신 분이었다. 그때 그 시절, 왜 그렇게 거지들이 많았는지 모르겠다. 할머니는 문 앞에 거지가 그냥 지나가는 꼴을 못 봤다. 밥 한 숟갈이라도 먹여 보냈다. '가난한 집 제사 돌아오듯 한다'는 말은 그때 우리집 형편을 두고 나온 얘기였을 것이다. 그만큼 우리도 가난했다. 그런데도 거지를 냉대하지 않았다. "우리 먹을 것도 없는데 왜 남 줘요"라는 표정을 지으면 할머니는 말씀하셨다. "우리는 집칸이라도 있지. 너무 불쌍하잖아."

아마 우리 할머니뿐만은 아니었을 것이다. 옆집 정애네 할머니도, 영자네 할머니도 그랬을 것이다. 아무튼 사람에 대한 불쌍함, 연민, 동정, 배려 등이 옛 어른의 몸에는 배어 있었다. 아, 얘기가 잠시 다른 곳으로 흘러갔다.

홀인원은 필드의 꽃이다. 그 꽃은 '기적'이라는 이름으로 핀다. 그 기적을 불러일으키는 이는 다름 아닌 신(神)이다. 그만큼 어려운 것이고, 운이 작용하지 않으면 불가능한 것이다. 유명한 프로골퍼 중에서도 홀인원 기록을 갖고 있는 이는 의외로 많지 않다. 수많은 게임을 치르는 프로지만 "저는 홀인원 한 번도 못 해봤어요"라고 말하는 이가 적지 않다. 기술로만 따지면 최상급인 이들인데, 홀인원을 경험하지 못한 이가 많다는 것은 그게 기술로만 얻어지는 게 아니라는 뜻이다.

프로가 홀인원을 할 확률은 3000분의 1이고, 아마추어는 1만 2000분의 1이다. 프로도 3000번을 쳐야 홀인원 하나가 나온다는 의미다. 대개 홀인원은 파3홀에서 나오고(물론 파4홀 홀인원도 가능하다. 파4홀 홀인원은 알바트로스(-3)라고도 한다. 파5홀에서의 홀인원은 콘도르(-4)라고 한다. 콘도르 기록은 전 세계에서 4~5차례 있었다고 하는데, 그것은 정말로 인간의 영역이 아닐 것이다), 한 경기(18홀)에 파3홀은 네 개 정도 있으니 750차례 경기를 해야 나올 수 있는 게 홀인원이다. 프로도 홀인원하기가 확률적으로 얼마나 어려운지 대충 가늠할 수 있다. 말을 예쁘게 만드는 기술을 가진 이들은 그래서 일찌감치 홀인원을 '신이 내린 지상 최고의 축복'이라고 했다.

이런 일생일대의 축복을 망치는 사례도 있다. 이건 지인이 동반 플레이를 하면서 직접 경험한 일이다. 안개가 짙게 깔린 어느 날, 파3홀에서 네 사람이 친 공이 다 잘맞았다. 지형에 익숙한 캐디도 "다 온 됐을 거예요"라고 했다. 그런에 올라가 보니 공이 세 개만 보였다. 한 사람의 공은 없더란다. 가장 잘 맞은 공 같았는데, 이상하기는 했다.

온그린을 못한 이는 주변을 맴돌았다. 공을 찾기 위해서였다. 잠시 후 그린 너머에서 "아, 공 찾았다"고 하더란다. 그러곤 그쪽에서 세컨드샷을 치더란다. 그런가 보다 했다. 그런데 황당한 일이 벌어졌다. 공이 홀에서 가장 멀리 있는 사람이 퍼팅 자세를 취했고 캐디가 깃대를 빼려는데, 공 한 개가 홀컵 안에 있었던 것이다.

"어, 공이 있네요"라는 캐디의 말에 처음엔 다들 어리둥절했단다. 그럴 리가 없잖아. 곧바로 상황이 한눈에 그려졌고, 모두들 헛기침을 하지 않을 수 없었단다.

온그린을 못한 이가 홀인원한 사실을 모른 채 그린 밖에서 공을 찾다가 한순간의 '알까기' 유혹을 이기지 못한 것이다. 순간 그 사람의 얼굴은 발개졌고, 나머지 세 명과 캐디는 눈을 어디에 둘지 몰라 한참 민망해했단다. 그 홀 이후 다다음 홀까지도 침묵은 이어졌고, 서로 눈을 내리깐 채 클럽만 휘둘렀단다.

18번홀에서 홀아웃한 후 그제야 무거운 침묵 분위기에서 벗어날 수 있었다고 한다. 동반자 세 명이 홀인원패는 해주었다고 한다. 그 사람 역시 멋쩍어하면서 공식적으로 사과했고, 다들 잊기로 했단다. 예상보다 더 큰 선물도 받았단다. "이해는 가요. 근데 하필 홀인원을 한 홀에서 알까기를 하다니, 그 양반도 참 기가 막히게 타이밍 하나는 못 맞춘 거지." 그때 일을 지인은 그렇게 정리했다.

그를 비난하려 이 사례를 적는 것은 아니다. 나 역시 초보 때 알까기까지는 아니지만 비슷한 속임수 유혹에 빠졌고, 실제로 반칙을 해본 경험이 있다.

"누가 누구 앞에 돌을 던지랴." 정직을 모토로 평생 살아온 이가 아니라면, 대개의 일반 골퍼는 이 말을 인정할 것이다. 잠시 부끄러웠겠지만, '알까기 홀인원'의 그 사람은 그때 일을 계기로 페어플레이의 가치가 얼마나 소중한지 배웠을 것이다. 신은 그에게 그런 '깨달음'을 주기 위해 그 장면을 연출한 것인지도 모른다. 신이 축복을 내려준다는 홀인원 중 이유 없는 홀인원은 없다.

하늘이 준 요리솜씨의 황용, 그리고 곽정

강호로 가 볼까. 강호 최고수의 무예 대결, 의리와 배신, 정의와 탐욕이 뒤섞이며 인간사 온갖 흥미로움을 주는 무협세계. 그 세계를 그린 작품으론 으뜸인 《사조영웅전》의 한 장면. 순박하다 못해 어벙 벙하지만 정의감에 불타는 곽정, 그런 곽정을 사랑하는 절세미녀 황 용. 요즘 말로 따지면 네트워크와 정보망 '짱'인 개방방주 홍칠공을 만난 황용은 곽정을 제자로 받아달라고 간청한다. 곽정에게 개방과 의 인연이라는 날개를 달아주고 싶은 마음이 간절하다. 하지만 홍칠 공은 "함부로 제자를 들이지 않는다"며 거절한다. 그건 홍칠공의 불 문율 철학이었다.

그러나 뛰는 자 위에 나는 자가 있는 법. 황용에겐 비장의 무기가 있었다. 바로 요리 솜씨다. 맛좋은 음식이라면 자다가도 벌떡 일어 나는 홍칠공에게 도화도의 옥적수가청락매, 잉어 요리 등 거부할 수 없는 절대적인 유혹을 제공한다. 황용의 요리만 생각하면 입에 침이 줄줄 흐르는 홍칠공. 황용 요리에 길들여진 홍칠공은 어쩔 수 없이 곽정에게 개방 무술인 항룡십팔장을 전수한다. 하늘이 내려준 요리 솜씨로 황용은 이렇듯 사랑하는 곽정을 한층 더 고수로 발전시킨다. 여기까지라면 의미가 대단할 것까지는 없다.

황용은 곽정에겐 홀인원이나 다름없다. 어리버리한 강호 촌놈이 어쩌다 황용 같은 으리으리한 가문의 절세미녀에다 절대 손맛을 발 휘하는 재녀(才女)를 만났는지 범인들로선 마냥 부러울 수밖에 없는 일이다. 곽정과 황용의 인연의 의미는 하늘만 알 것이다. 마치 호랑 이라고 소문난 최진사댁의 예쁜 딸(셋째딸)을 얻기 위해 간 먹쇠란 놈과 밤쇠란 놈은 영문도 모른 채 죽도록 얻어터지기만 했는데, 칠

복이 놈 앞에서만 껄껄껄 웃으며 딸을 내놓은 최진사 얘기처럼 말이다. 복을 타고난 사람은 역시 따로 있는가 보다.

중요한 것은 곽정은 하늘이 준 복(福)의 의미를 잊진 않았다는 점이다. 무림 약자를 위한, 정의를 위한 무림인의 본질과 사명을 게을리하지 않았다. 복을 내려준 뜻을 늘 염두에 뒀을 게다. 그러면 된다.

사실 남보다 뭔가를 많이 얻으면 사회에 나누는 게 좋은 인생이다. 오로지 자기만의 힘으로 돈과 영광, 성공을 획득하는 세상은 존재하지 않는다. 특정인이 돈을 벌었다면 그것은 동료가 됐든, 부하직원이 됐든, 이웃이 됐든, 팬이 됐든 누군가의 희생과 배려, 보살핌과 지원으로 축적한 것이다.

외국 스타는 이 사실을 잘 알고 있는 것 같다. '매트릭스', '스피드', '존윅' 영화의 주인공인 할리우드 배우 키아누 리브스는 자신의 출연료를 수년간 자선단체에 기부하는 선행으로도 유명하다. 평소 "돈이 행복을 좌우하지 않는다"는 신념을 갖고 '통큰 나눔'의 가치를 실천하고 있는 그이기에 팬들이 더욱 좋아하는 것 같다. 다른 할리우드 대스타와 달리 집을 사지도 않고 지하철을 이용하고 때론 노숙도 마다 않는 그의 삶이 기행으로도 비칠 수 있겠지만, 이같은 욕심 없는 삶은 아무나 실행할 수 있는 게 아니다. 참으로 대단한 사람이다.

한때 우리나라 젊은 청춘들을 열광시키며 성냥개비 깨나 물게 했던 '영웅본색'의 주인공 주윤발 역시 일찌감치 나눔에 눈뜬 대

스타로 꼽힌다. 자신의 전 재산 8000억여 원을 사회에 기부하겠다고 해 세상을 놀랜 그는 아직도 대중교통을 타며 근검절약을 실천하고 있다고 하니 나눔에 관한 한 둘째 가라면 서러워할 이가 맞을 것이다.

이 두 대스타의 인생철학은 홀인원 같은 행운을 바라보는 관점에서 나오는 나눔철학과 크게 다르지 않다는 게 내 생각이다. 키아누 리브스와 주윤발은 영화배우로서의 대성공과 부의 축적을 골프로 따지면 '홀인원'급 행운으로 여기는 것 같다. 홀인원과 같은 하늘이 내린 복은 특정 개인의 것이 아니다. 주변과 나눠야 하는 것이다. 두 대스타는 이런 겸손을 바탕으로 한 무욕의 철학을 일찌감치 깨달았고, 그걸 실천하는 것 같다.

암튼 필드에서도 나눔이 활발했으면 좋겠다. 갑자기 엉뚱한 상상 하나 떠오른다. 홀인원 또는 이글을 할 때 소액이라도 기부를 강제하는 골프장이 생겼으면 좋겠다. 그런 골프장 혹시 어디 없나.

6홀

홀인원에 대한
추억

어렸을 때 마을 뒷동산은 내 놀
이터였다. 봄날, 쑥을 캐러 다니던 누나를 졸라 뒤를 졸졸 따라 다
녔다. 심심할 때면 토끼풀 하나 입에 물고 풀밭에 누웠다. 뭉게구름,
양떼구름, 새털구름, 흰구름, 황소구름, 사자구름, 용구름……. 하늘
도 땅도 그냥 좋았다. 봄바람에 살랑거리는 이름 없는 풀꽃향기에
취해 꾸벅꾸벅 졸았다.

가을에도 동산에 매일같이 올랐다. 사촌 형들은 밤을 따려고 동
산 구석구석을 뒤졌다. 동산 옆 코스모스 한움큼 따 냄새를 맡았다.
단풍이 물들어가는 소리, 어디선가 바람 타고 뽕잎 떨어지는 소리,
아랫동네에 울려퍼지는 염소 소리, 둥근나무 아래 매어놓은 소울음
소리……. 그 소리를 베개 삼아 깜빡 잠이 들 때쯤이면 사촌형은 나

를 업고 동산을 내려오곤 했다. 소싯적 나른했던 봄·가을 정취, 기분 좋은 날들에 대한 추억이다.

골프를 치기 시작한 지 1~2년 됐을 때다. 기업을 운영하는 사장님과 라운딩을 한 적이 있다. 연배가 지긋하신 그분은 70세 정도 돼 보였는데, 젊게 사는 게 삶의 모토라고 했다. 연세가 어떻게 되시냐고 했더니 "안 세봐서 잘 모르겠어요"라고 한다. 그냥 "김 형과 몇 살 차이 안 나요"라고만 한다. 이후 나이를 결코 묻지 않았다.

봄날 기운 가득한 남부CC였을 것이다. 진달래, 철쭉 가득한 코스를 따라 걸었다. 폭넓은 인생경험과 스토리를 얘기해주는 그에게선 아버지 같은 자상함이 느껴졌다. 골프 매너도 얼마나 좋던지, 비기너로서도 아주 편안하게 라운딩을 할 수 있었다. 그와의 라운딩이 하도 인상적이어서 그 유명한 11번 아일랜드홀에서 둘이 걸으며 나눈 얘기도 기억이 난다. "골프 3락(樂)이 뭐게요?" "글쎄요. 뭘까요." "사람들이 그럽디다. 18번홀 홀아웃했는데 갑자기 비가 쏟아져 다른 사람들이 줄줄이 캔슬하는 것을 볼 때, 남들은 다 OB 내고 나 혼자 페어웨이로 잘 쳤을 때, 집으로 운전하며 돌아가는 길에 신호대기하면서 뒷주머니에서 딴 돈을 세어볼 때라고." "하하하, 재미 있네요." "그런데 제 3락은 달라요. 비기너에게 조언해줬는데 공이 잘 맞아 고맙다고 할 때, 동반자 넷이서 다 온그린해 줄버디가 나올 때 즐겁죠. 하나는 다음 홀 가서 알려드리죠."

초보자이긴 했지만 선배들로부터 세간에 도는 골프 3락에 대한 얘기를 듣곤 했던 터라, 어느 정도는 알아듣겠는데 '그만의 3락'은 이해하기 어려웠다. 동반자들이 함께 즐거운 것이 그가 생각하는 3락이구나, 사람 좋으신 분이고 나름 철학이 있네, 라고 막연히 생각했다.

그 다음 홀 세컨드샷 지점이었을 것이다. 그는 샷을 하려는 나를 잠시 불러세웠다. "뒤를 돌아보세요. 김 형, 뒤를 봐봐요. 골프는 앞만 보면 뒤의 경치를 놓치기 쉽습니다. 골프장에 오면 가끔 뒤를 보세요. 얼마나 아름답습니까. 골프장에서 뒤돌아 경치를 보는 사람은 많지 않아요. 좋은 구경을 포기하는 것이지요. 그리고 뒤를 보면 내가 공을 잘쳤는지, 못쳤는지 알 수 있어요. 아, 내가 왜 그쪽으로 쳤을까, 여기서 보니 더 좋은 곳이 얼마든지 있는데……. 이런 생각이 들죠. 일종의 반성이자, 성찰이죠. 인생도 같아요. 앞만 보고 달리면 뒤가 안 보이죠. 다시 오지 않을 시절, 앞을 향하면서도 가끔 되돌아보는 인생이 아름다운 것이지요."

옛날 일을 토씨 하나 빼먹지 않고 기억할 수 있는 이가 몇 있겠는가. 대충 이런 얘기였다. 한참 긴 얘기를 끝낸 그는 이렇게 덧붙였다. "가끔 골프장 뒤쪽 경치를 동반자와 함께 바라보는 것, 이것이 내가 생각하는 골프 3락 중 하나죠."

골프장에선 가끔 뒤를 돌아보라

그때 그런 말을 그가 왜 했는지 모르겠다. 비기너에게 골프 외에도 인생을 멘토링해 주려고 했는지, 골프 매너도 모른 채 젊은 혈기만 내세우는 내게 일종의 가르침을 주려고 했는지 알 수는 없다. 중요한 것은 그때 필드에서 처음으로 뒤를 돌아봤다는 점이다. 아, 앞으로만 본 골프장과 뒤를 돌아 쳐다본 골프장은 정말 달랐다. 묵직한 깨달음이 가슴에 와닿았다.

놀랄 만한 경험도 이어졌다. 이 글 맨 앞에 소개한 어린시절 풍경이 그때 불현듯 뇌리에 떠오른 것이다. 정말 잊고 살았었다. 아니, 잊혀졌었다. 그의 말처럼 인생을 한번 되돌아봐서 그런지, 아니면 필드 풍경이 하도 그림 같아서 어린시절 추억과 연결돼 갑자기 옛 기억이 복원됐는지 잘 모르겠다. 암튼 거짓말처럼 옛 동산 추억은 내 머릿속에서 그때 복기됐다.

스스로 생각해도 내 샷이 달라진 것은 그때 이후였을 것이다. 골프장에 가면 내 공만 보이던 눈에 나무며 언덕이며 가파른 경사며 호수, 계곡이 들어왔다. 상대방의 플레이도 눈에 잡혔다. 이런 것을 아마 '점프'라고 하는가 보다. 백돌이 근처에 맴돌던 점수는 90대 타수로 들어오더니, 가끔은 80대 타수에 진입하기도 했다. 어렵게만 느껴지던 골프가 조금은 편안해졌다고 할까. 골프와 인생 그리고 철학에 강한 관심을 갖게 된 것도 그 시점이었을 것이다. 훗날 선배에게 그날 일을 얘기했더니 이렇게 정리해준다. "뭔지 몰라도 한 가지를 깨달으면 실력이 갑자기 느는 거야. 그 분은 골프는 '나'가 아니라 '남' 또는 '우리'라는 것을 가르쳐주고 싶었을 거야. 내가 즐거운 3락이 아니라, 남과 더불어 즐거운 3락이 진짜 즐거움이라는 것을 그분은 알려준 거지." 선배의 예리한 분석에 고개를 끄덕이지 않을 수 없었다.

이제 아껴뒀던 홀인원에 대한 얘기를 하자.

2013년 6월. 그날은 왠지 느낌이 좋았다. 골프장까지 가는 길은 국도라 신호등이 많았는데, 일사천리로 달렸다. 운전대를 잡은 이후 한 번도 신호대기에 걸리지 않은 느낌. 기분이 상쾌했다. 그러고 보니 전날 꿈도 좋았던 것 같다. 동반자들은 정말 좋은 사람이었다. 호형호제 하면서 우정을 쌓아온 이들이었다. 대한민국 골프는 뭐니뭐니해도 5·16(5월 16일)부터 10·26(10월 26일)까지라고 했던가. 6월의 하늘은 맑고 쾌청했고, 햇살은 미풍과 함께 따스하게 내리쬐었다. 날씨가 좋으면 즐거운 대화가 줄을 잇는 법. 모두들 소풍 나온 어린아이처럼 신이 나 있다.

그리곤 운명의 시간이 왔다. 지금은 퍼블릭으로 운영되는 필로스CC 남코스 4번홀. 그 앞에 섰다. 바람이 약간 느껴졌지만 샷을 방해할 정도는 아니었다. 굳이 따진다면 약간의 맞바람이었다.

코 끝을 건드리는 바람 냄새가 싫지 않았다. 140야드 거리였다. 지아크 8번 아이언을 잡았다. 9번을 잡을까 했는데 왠지 8번을 들고 싶었다. 폴대는 그린 왼쪽에 위치했다. 전체적으로는 그린 오른쪽에서 왼쪽으로 경사가 있다고 느껴졌다. 딱~. 잘 맞은 것 같았다. 공은 중간에서 약간 오른쪽 그린을 맞더니 10미터쯤 굴러갔다. "어? 어?" 캐디는 정확히 그렇게 혼잣말을 했다. 동반자들도 같은 감탄사를 내뱉었다. 아, 계속 굴러가던 공이 폴대를 그대로 맞더니 쏙 들어가는 것이 아닌가. 어안이 벙벙했다. 그 광경을 목격했건만, 도무지 믿어지지 않았다. 캐디가 소리쳤다. "어머, 홀인원이예요." 박수 소리가 들렸고, 동반자 세 명이 차례로 다가오더니 어깨를 툭치며 하이파이브를 하자고 한다. 얼떨떨했다.

얼마 전 동반자가 홀인원하는 모습을 옆에서 지켜본 터였다. 캐디에게 동영상 촬영을 부탁했고, 홀 앞에 수건을 깔고 절을 했다. 그러곤 공을 꺼냈다. 동반자 세 명이 앞다퉈 내 손을 잡기를 청했다. 그래야 복이 나뉜다나. 내 처음이자 마지막(지금까지는 그렇다) 홀인원은 그렇게 기록됐다.

지금 생각하면 홀인원에 앞서 좋은 조짐을 보였던 것 같기도 하다. 파3홀에서 친 공이 홀컵 쪽으로 똑바로 가다가 깃대를 맞고 팅겨진 샷이 몇 번 있었고, 몇 바퀴만 구르면 되는데 애석하게도 홀컵 코앞에서 공이 멈춰선 일도 두어 번 있었다. 방귀가 잦으면 똥 싸기 쉽다는 말은 이럴 때 하는 것일 게다. 이날 홀인원을 하려고 그토록 몇 번이고 방귀를 뀌었던 것 같다.

방귀가 잦으면 똥싸기가 쉽다

홀인원은 할 때보다 그 이후가 분주한 법이다. 주머니 돈을 긁어 30만 원을 캐디에게 주었다. 다시 한 번 동반자들 손을 억세게 잡아 줬다. 행운을 듬뿍 나눠 가져가라고. 캐디는 예쁜 복주머니에 공을 넣어줬고, 나중엔 골프장에서 직접 작성하고 인정한 홀인원 증서를 건네줬다. 사실 그날 홀인원을 했다는 사실에 흥분했고, 밥을 먹으면서도 마음이 들떠서 동반자들과 무슨 얘기를 했는지 기억이 나지 않는다. 그냥 하늘에 붕 떠 있는 듯한 느낌, 그것이 정확한 표현일 것이다. 아무튼 집으로 돌아와서야 내가 홀인원을 했다는 것을 실감했고, 그제야 할 일이 생각났다.

다음 날 모자 50여 개를 주문했다. 홀인원 문구와 날짜, 이름을 새겨 주변에 돌렸다. 인사해야 할 곳에 모자를 나눠준 것이다. 모두들 한결같이 축하해줬다. 며칠간, 구름 위를 걷는 듯한 행복한 시간을 보냈다. 그런데 한쪽의 원망섞인 말도 귀에 흘러들어 왔다. 내가 속해 있는 곳이 그 바닥이 그 바닥이어서 그런지 사람들 간에 소문이 났나보다. 나랑 어느 정도 친분이 있다고 여긴 지인들이 홀인원 모자를 받은 사람들의 얘기를 듣고는 "김 형, 왜 나는 안 줘?"라고 애교성 항의를 해온 것이다. 맞다, 맞아. 이왕 돌리는 것 섭섭한 분이 있으면 안되지. 모자 50개를 추가로 구입했고, 이것으로 서운하다는 사람들의 입을 막았다. 아예 남대문시장에 가서 우산 50여 개도 샀다. 가만히 생각해보니 회사 후배들에게 소홀했다. 후배들에게 우산을 싹 돌렸다. 사실 적잖은 돈이 들었다. 그래도 기분 좋았다. 행운을 얻은 만큼 그 감사함을 표하기 위해 주변에 작은 선물이라도 나누는 것, 그것이 그렇게 즐거운 일인지 미처 몰랐었다. 홀인원 선물을 해보지 않은 사람은 이런 기분 모를 것이다.

즐거움은 즐거움을 낳나 보다. 지난 2013년은 뒤돌아보면 내겐 유독 기억되는 해였던 것 같다. 홀인원 기운이 이어졌는지, 아니면 홀인원이 있으려고 그랬는지 모르겠지만 그해 집필한 책《한국의 아웃라이어들》호응이 좋았다. 방송출연도 했고, 여기저기 칼럼 의뢰도 많이 받았다. 그해 정말 활기차게 살았다. 아, 죄송하다. 너무 자랑했나 보다. 홀인원 생각을 하면 지금도 짜릿해져 자꾸 오버하는 것을 어쩌랴. 독자들의 이해를 구한다.

나중에 홀인원을 두 차례나 해본 친구에게 그때의 일을 들려줬더니 말하는 게 쿨하다. "홀인원은 원래 3년 재수 있는거. 나도 홀인원 하고는 여기저기 선물 많이 돌렸어. 나도 돈 좀 깨졌다. 그게 좋은 거. 잘했다, 친구야. 근데 지금이라도 선물 안 주는거?"

그때부터 일이 잘 안풀리거나 머리가 복잡할 때, 세상 일이 내 맘대로 되지 않음을 실감할 때, 동반자들로부터 선물 받은 홀인원패를 들여다보거나 만지작거리는 습관이 생겼다. 그 패를 유심히 쳐다보고 있으면 왠지 마음이 평화로워지고, 혹시 있었던 짜증도 봄눈 녹듯 사라져 버린다. 홀인원패가 내 등을 다독여주고, 마음까지 위로해주는 것이다. 어찌 그렇지 않겠는가. 신이 어느 날 내게 멋진 선물과 함께 평생 잊을 수 없는 축복을 내려주셨는데, 이보다 감사할 일이 어디 있겠는가. 그래서 내게 홀인원은 '최고의 위안'이자 '최고의 감사'다. 또 우연히 만난 홀인원을 계기로 '잘 치는' 골프가 아닌 '철학이 있는' 골프에 눈을 조금은 떴으니 이보다 더 고마울 데가 어디 있겠나 싶다.

인생도 마찬가지다. '우연'은 마법 같은 인생을 만들어주기도 한다. 연기 잘하기로 소문난 황정민 주연의 영화 '댄싱퀸'은 왕년의 신촌 마돈나를 부인으로 둔 변호사인 한 남자가 우연한 기회로 서울시장 후보로 출마하면서 부부간 티격태격하는 블랙코미디다.

여기서 정민(황정민 분)이 서울시장 후보까지 된 상황이 무척 재밌다. 그는 선로에 떨어진 사람을 구함으로써 단박에 영웅이 됐다. 시민들이 국민영웅으로 추앙하자, 정치권의 러브콜을 받은 것이다. 그런데 사실은 자발적인 게 아니었다. 등 떠밀려 어찌어찌 하다보니 구하게 된 것이다. 될 사람은 뭘 해도 된다고 하는데, 서울시장은 하늘이 일찍부터 그에게 점지해준 자리였나보다. 부러운 인생이다.

황정민이 서울시장 후보가 된 까닭은

프로의 세계에도 '우연'의 위력은 그대로 적용된다. 얼마 전 PGA투어 한 대회에서 무려 네 개의 홀인원이 쏟아져 화제가 된 적이 있다. 한 경기에 한 번도 나올까 말까 한 것이 네 개나 나오다니, 기적과 다름없다. PGA투어 마야코바클래식 1라운드 앞뒤팀에서 연달아 홀인원이 나왔고, 4라운드에서는 5분 간격의 홀인원이 탄생했다. 이는 확률적으로 불가능한 것으로, 초자연적인 '우연의 힘' 아니면 설명할 방법이 없다. 하긴 프로골퍼 협회에 따르면, 지금까지 한 사람이 한 홀인원 최대 기록이 공식적으로 무려 여덟 개라고 하니 확률과 상관없이 천운을 타고 태어난 이는 따로 있나 보다. 그가 지구촌 최고의 행운아임은 누구도 부인할 수 없을 것이다.

나의 경우 첫 홀인원 이후 좀처럼 그와 같은 마법은 일어나지 않았다. 파3홀 홀컵에 근접하거나, 맞을 듯 맞을 듯 하면서 깃대를 몇 센티미터 차이로 스쳐가는 일은 몇 번 있기는 했다. 전혀 서운하지 않다. 홀인원은 인위적인 노력으로는 절대 이뤄질 수 없는 것임을 잘 알기에 아쉽지도 않다. 다만 기다림은 있다. 나약한 인간이 신으로부터 받을 수 있는 최고의 선물은 행운이다. 언젠가 빨갛게 물든 단풍 사이로 햇살이 눈부시게 쏟아질 때, 파란 잔디 위로 쭉뻗은 하늘에 일곱 빛깔 무지개가 드리울 때, '무심타법'으로 퍼올린 공이 홀컵을 스스로 찾아가는 순간을 겸손한 마음으로 기다릴 뿐이다. 지난 홀인원에 대한 추억을 영원히 간직한 채 말이다.

7홀

공정사회?
골프에
물어봐

　　　　　　　　　　2019년 여름은 '조국 논란'으로
참으로 뜨거웠다. 갖가지 의혹을 받고도 문재인 대통령으로부터 법
무부 장관으로 지명된 조국을 놓고 대한민국은 양분됐다. 조국 찬성
과 반대 여론은 용광로처럼 뜨거웠고, 나라를 두 동강 냈다. 서초동
과 광화문이 '조국 수호'와 '조국 반대' 물결로 각각 채워지면서 정
말 시끄러웠다. 유례 없는 일이었다. 대한민국 역사상 이처럼 한 사
람을 둘러싸고 두 달 이상 분열된 적은 없었다.

　　조국 전 법무부 장관에 대한 호불호를 논하자는 게 아니다. '공
정'을 거론하고 싶어서다. 조국을 옹호한 사람에게도, 결사 반대한
사람에게도 묵직한 단어로 다가온 것이 바로 공정이었을 것이다. 그
만큼 조 전 장관에 대한 논란은 대한민국 사회가 공정한가, 불공정

한가라는 화두로 직결됐다. 사실 조 전 장관의 잘잘못을 따지는 것은 현재로선 의미가 없을 것이다. 조국 논란은 어차피 진영논리와 맞물린 '확증편향성'을 지녔다. 확증편향은 자기가 보고 싶은 것만 보고, 듣고 싶은 것만 듣는 것이다. 이 논리대로라면 조 전 장관을 지키려는 이는 계속 지킬 것이고, 벌하려는 이는 계속 벌하려 할 것이다. 그러니 화해와 조율은 애당초 비집고 들어갈 틈조차 없다. 공정이니 불공정의 문제는 마이클 샌델의 《정의란 무엇인가》 화두의 연장선상에 있을 것이다. 열차 탈선이 예정돼 있다면 다섯 명이 일하는 철도 인부를 희생하는 쪽보다 한 명이 일하는 쪽으로 열차를 돌려야 한다는 것이 보편적인 '정의'라 할 수 있지만, 한쪽의 인부 편에서 보면 그것은 '비정의'인 것이다. 조국 논란 역시 같은 맥락 아닐까.

골프 얘기를 하면서 그의 이름을 꺼낸 것은 한 가지 이유에서다. 필드에서 조국 논란은 있을 수 없다는 것을 강조하기 위해서다. 공정을 이탈한 필드는 상상할 수 없다. 불공정은 원래부터 필드에 존재할 수 없다는 뜻이다. 공정사회는 결과를 공평하게 분배하는 사회가 아니라 도전의 기회가 공정하게 살아 있는 사회를 뜻한다.

골프는 매우 공정한 게임이고, 공정한 도전이 보장되며, 이는 공정한 결과로 이어진다. 조국 논란을 촉발한 특혜니 수혜 문제는 필드에서 찾아볼 수 없다. 공정치 않으면 골프가 아니다. 골프가 '신사의 게임'이라 불리는 것은 첫째도, 둘째도, 셋째도 공정하기 때문이다. 이처럼 놀라울 만큼 공정으로 완벽하게 꾸며진 골프를 들여다보는 것은 매우 흥미로운 일이다.

골프가 공정한 까닭은 속임수나 특정인에 대한 수혜가 허용되지 않기 때문이다. 무조건 정해진 룰(Rule) 속에서 자신의 능력과 한계를 시험하는 게 골프다. 룰에는 예외가 없다. 트릭은 용납될 수 없으며 혹시 의도적이 아니었다고 해도 룰을 위반하면 벌타(penalty)를 받는다.

필드에서 특혜나 수혜는 없다

공정이 돋보이는 사례는 많지만, 렉시 톰슨(미국)이 대표적인 예다. 세계 랭킹 톱5 안에 꾸준히 드는 톰슨은 특유의 공격적인 플레이로 골프팬에게 사랑받는 여자프로 선수다. 2017년 4월 LPGA투어 시즌 첫 메이저대회인 ANA 인스퍼레이션 4라운드. 톰슨은 이날 12번홀(파4)까지 3타차 선두를 질주했다. 우승이 다가왔다. 그런데 순간 황당한 일이 벌어졌다. 톰슨이 4벌타 통지를 받고는 안색이 노랗게 변한 것이다.

이유는 이랬다. 전날 3라운드 7번홀(파3)에서 초구로 올린 공을 마킹했는데, 퍼팅 시 마크보다 2센티미터 정도 앞에 공을 놓고 쳤고, 그 사실을 시청자가 제보한 것이다. 이는 사실로 확인됐다. 이유야 어쨌든 그 비매너 플레이를 스스로 신고했으면 2벌타로 끝났을 것이다. 그런데 이를 적어내지 않은 탓에 2벌타를 더 받은 것이다. 결국 무려 4벌타의 패널티를 감수해야만 했다. 4벌타로 흔들리지 않을 강심장은 없다. 결국 톰슨 대신 유소연(한국)이 우승을 차지했다.

2018년 2월 LPGA투어 혼다 타일랜드 2라운드. 억세게도 운이 없는 것일까. 톰슨이 또 유사한 벌타를 받는 수모를 겪었다. 15번홀(파4)에서 친 공이 광고판 근처에 떨어졌다. 톰슨과 캐디는 별 생각 없이 스윙에 방해되는 광고판을 옮긴 뒤 샷을 날렸다. 톰슨은 물론 캐디도 몰랐다. 이 대회 규칙상 광고판은 움직일 수 없는 장애물로 규정돼 있었다는 것을. '움직일 수 없는 장애물'은 무벌타 드롭이 가능하다. 그런데도 이것을 인위적으로 치움으로써 톰슨은 괜히 앉아서 2벌타를 감수해야 했던 것이다. 순식간에 2타를 허공에 날린 톰슨은 2위에서 4위로 떨어졌고, 우승에 대한 투지는 아무래도 꺾일 수밖에 없었다. 골프가 룰에 얼마나 엄격한지, 비매너 플레이를 얼마나 경계하는지를 대변한 사례다.

어쩌다 보니 톰슨의 사례를 연거푸 거론했지만, 그가 일부러 그런 룰 위반을 하지는 않았을 것이다. 183센티미터의 큰 키, 호쾌한 스윙과 강한 배짱으로 미국을 중심으로 전 세계에 많은 팬을 거느리고 있는 톰슨은 분명 실력 있는 선수다. 또 그런 자신의 능력으로 톱랭커에 위치해 왔다. 불운이 겹쳤다고 본다.

실제로 톰슨 외에도 많은 선수들이 다양한 이유로 벌타를 받곤 하는데, 룰을 미처 숙지하지 못해 위반을 하는 경우가 대부분이다. 그렇다고 '미처 몰라서', '깜빡 실수했다'는 것은 절대 허용되지 않는다. 골프의 생명은 '룰'이기 때문이다. 속임수와 술수, 특혜라는 단어는 룰의 반대말일 뿐이다. 골프 룰이 너무 엄격하고 심지어 고루하다는 비판이 일자, 깃대를 꽂은 상태에서 퍼팅을 허용하는 등 현대적 감각으로 몇 가지는 고치고 있지만 결론적으로 이런 엄격한 룰이 골프의 존재 이유라는 데 이견은 없다. 예외 없이 동일하게 적용되는 룰 속에서 경쟁하는 것, 이게 공정사회가 아니면 뭘까. 반칙과 특권이 난무하는 인간세상에선 절대로 이해 못 할 '부동(不動)의 공정'은 이렇듯 필드에 굳건히 자리 잡아 왔다.

좀 더 최근의 케이스도 있다. 2019년 11월 멕시코에서 열린 PGA 투어 마야코바 클래식 2라운드에 참가한 러셀 헨리(미국). 이날 그는 2언더파 69타를 쳤다. 가서 그 기록을 제출하면 됐다. 그런데 경기를 마치고 공에 사인해 팬에게 주던 도중, 그는 백 안에 있던 공 가운데 한 개가 다른 모델의 공임을 확인했다. 대회 규정에 따르면 한 라운드에는 같은 브랜드, 같은 모델의 공을 사용해야 한다. 위반 시엔 홀당 2타가 감점되며, 벌타는 최대 8타다.

헨리는 이를 자진신고했고, 8벌타를 받았다. 8타나 깎인 그의 성적은 곧바로 하위권으로 떨어졌고, 컷탈락했다. 헨리는 짐을 쌌고 곧장 귀국길에 올랐다. 귀국 비행기에서 그의 마음은 속상하지만은 않았을 것이다. 헨리의 매너 플레이에 골프팬들의 칭찬이 이어졌으니까.

이처럼 공정의 다른 이름인 '정직'은 필드에선 최고의 선(善)으로 통한다. 최상위권 프로골퍼일수록 남은 속여도 자신은 속일 수 없다는, 그래서 신사적이고 정직한 플레이로 경쟁해야만 승부가 의미가 있다는 골프의 기본 원칙을 숭배한다.

페어플레이의 아버지, 바비 존스

골프가 모든 운동 중 '페어플레이의 대명사'로 불리게 된 것은 20세기 최고의 골퍼로 평가받는 바비 존스(1902~1971) 덕분일 것이다. 다음 사례를 보면 왜 그가 '구성'(球聖, 골프계의 성인)으로 불리게 됐는지 고개를 끄덕이게 된다. 1925년 매사추세츠 위스터에서 열린 US오픈 11번홀. 존스의 아이언샷이 그린 왼쪽의 풀숲으로 들어갔다. 이미 샷 난조로 2타를 손해 본 후였다. 어드레스를 하는 순간 존스는 볼이 살짝 움직이는 느낌을 받았다. 본 사람은 없었다. 갤러리도, 심판도 이를 인지하지 못했다. 볼이 실제로 움직였는지, 또는 착시였는지는 아직도 모를 일이다. 하지만 중요한 것은 존스 자신은 볼이 움직였다고 판단했다는 점이다. 남들이 보고 못 보고는 중요하지 않았다. 그는 거침 없이 양심을 택했다. 경기위원에게 볼이 움직였다고 자진신고했고, 1벌타를 기꺼이 감수했다. 이 '정직함'이 골프팬을 놀라게 한 것은 당시 상황 때문이었다. 이 벌타 때문에 그는 연장을 허용했고, 존스는 결과적으로 우승을 놓쳤다. 아무도 보지 못했기에 존스가 그냥 아무렇지 않은 듯 플레이하고, 1벌타를 먹지 않았으면 연장은 이어지지 않았을 것이고, 우승컵은 당연히 존스의 차지였을 것이다. 그런데도 그는 쿨했다. 존스는 신사적 플레이로 사람들로부터 칭송받았지만, "강도질 안 했다고 칭찬하는 것과 같은 것"이라며 대수롭지 않다는 반응을 보였다고 한다. 이후 정직과 페어플레이, 이상적인 스포츠맨십을 거론할 때 존스는 빠질 수 없는 인물이 됐다.

페어플레이가 '최고의 미덕'이라는 것을 입증한 필드 위의 이색 명장면도 있다.

2019년 11월초, 대만에서 열린 LPGA투어 타이완 스윙잉 스커츠 연장전. 참으로 희한한 광경이 펼쳐졌다. 연장전 주인공은 넬리 코르다(미국), 카롤리네 마손(독일), 이민지(호주) 이렇게 세 명. 그런데 조명을 받은 이는 선수가 아닌 코르다의 캐디 제이슨 맥더드였다. 그도 그럴 것이 맥더드는 마손의 약혼자였다. 약혼자가 연장에 오른 상황에서 그와 경쟁하는 이의 캐디백을 들고 응원해야 하는 이 '비운의 사나이'에 스포트라이트가 집중된 것이었다. 결과적으로 코르다가 우승했다. 자기 선수가 우승했기에 즐거워했어야 하는 순간, 우승 문턱을 넘지 못한 약혼자인 마손에 대한 아쉬움과 미안함도 함께 느꼈을 것이다. 코르다는 "후반부에 스리퍼트가 많아 흔들렸는데, 캐디(맥더드)가 '자신 있는 샷을 하면 우승 아니면 연장'이라고 말해줬고, 연장전 클럽 선택에도 조언을 해줘 우승할 수 있었다"며 맥더드에 고마워했다. 3라운드를 끝낸 후 마손은 이 시나리오를 예감했는지 "이상한 상황이지만, 각자 최선을 다해 플레이하고 응원하면 될 일"이라고 개의치 않아 했다. 모르긴 몰라도 경기 후 캐디 임무를 훌륭히 끝낸 약혼자를 향해 엄지를 척 들어올려 줬을 것이다.

개별 인연은 어디까지나 필드 밖의 개인적 사정일 뿐, 필드에선 공정과 페어플레이를 최고로 여기는 골프의 진면모를 들여다볼 수 있는 장면이었다. 해설자는 말했다. "이게 바로 골프죠."

얼마든지 역전 인생 기회가 있는 골프

프로 골프 경기가 대개 나흘간 4라운드로 이뤄지는 것도 공정게임의 다른 이름이랄 수 있다. 1라운드 선두가 최종 우승자를 의미하는 것은 아니다. 얼마든지 역전이 일어나는 게 골프다. 출발이 좋다고 끝이 반드시 좋은 것이 아닌 인생처럼 말이다.

우리 사회가 공정치 않다는 말이 도는 것은 독식사회와 무관치 않을 것이다. 부자로 태어나면 아무런 걱정 없이 부자로 살아가는 사회, SKY에 일단 입학하면 서로 밀어주고 당겨주며 성공가도를 달릴 가능성이 큰 학벌사회, 창업에 한 번 도전했다가 실패하면 루저(loser)로 낙인찍히는 재기불능 사회는 분명 공정사회가 아니다. 인생 1라운드에서 SKY에 들어가지 못했다고, 창업에 실패했다고 역전의 기회가 가로막히는 사회는 불공정사회나 다름 없다.

골프에서는 그렇지 않다. 골프와 마라톤은 그런 점에서 닮았다. 골프의 1~2라운드는 42.195킬로미터의 중간일 뿐이다. 마라톤에서 반환점을 돈 후처럼 3라운드 이후 막판 스퍼트를 펼치면 얼마든지 역전우승할 수 있는 게 골프다. 한때의 루저도 그 절망을 벗어나 희망을 향해 질주할 때, 그리고 죽기를 각오하고 정열을 불태울 때 최종 인생에서 얼마든지 위너(Winner)로 변신할 수 있는 사회, 그게 바로 공정사회가 아닐까. 골프는 그런 점에서도 공정하고 옳다.

그렇다고 골프가 매정하거나 엄격한 룰만 강조한 나머지 배려가 없는 운동은 아니다. 아마추어 골프에 국한되는 얘기지만 말이다.

아마추어 게임에서의 '멀리건'(mulligan)은 참으로 독특하고 가슴 따뜻한 룰이다. 통상 드라이버샷이 OB가 나거나 해저드에 빠지면 벌타 없이 다시 칠 수 있는 기회를 주는 게 바로 멀리건이다. 실패를 만회할 찬스를 공짜로 제공하는 것이다. 사실 아마추어 골프의 미학은 바로 이 멀리건에 있다. 축구와 농구, 배구 등 다른 구기

종목과는 확연히 다른 점이다. 예를 들어 아마추어 경기라도 축구에서 슛을 했는데 그것이 골로 연결되지 않았다고 해서 다시 찰 기회를 주진 않는다. 농구에서 슛이 빗나갔다고 다시 쏘라고 하지 않는다. 배구 역시 마찬가지다. 누구나 실수할 수 있다는 것을 인정하고, 다시 한 번 제대로 도전할 수 있는 기회를 주는 것, 그 배려의 철학이 멀리건에 담겨 있다.

퍼팅 오케이(OK) 역시 그렇다. 아마추어 골프 세계에선 보통 퍼터 길이만큼 홀에 공을 붙이면 "오케이"라고 외쳐준다. 넣을 수 있다는 것을 인정하는 것이다. 물론 내기가 세게 붙었거나, 초절정 고수들의 게임에선 오케이가 허용되지 않을 수 있다. 그건 그들만의 룰 약속이기 때문이다. 하지만 대개 "오케이" 하면 상대방은 "감사합니다"라며 공을 들면 된다. 이처럼 아름다운 장면이 또 있을까.

멀리건이나 오케이 룰은 치열하게 경쟁하되 서로 배려하는 게 골프 매너 중의 하나임을 보여준다. 상대적으로 고수인 사람이 하수에게 베푸는 친절은 사회적 약자에 대한 존중과 배려가 미덕인 공정사회의 또다른 모습이기도 하다.

지인 중 한 명은 늘 이렇게 말한다. "18홀이 끝났을 때 네 명 다 즐거운 것이 좋은 골프요, 한 사람이라도 얼굴 찌푸리거나 좋지 않은 기분으로 돌아가면 나쁜 골프"라고. 게임이 갖는 속성상 경쟁은 필수지만, 더불어 행복한 것이 골프라는 뜻이다. 더불어 즐거운 세상이 목표인 공정사회의 기치와 다를 게 없다.

사실 골프는 이상한 특성을 지녔다. 전염효과가 매우 크다. 동반자가 무너지면 같이 흔들린다. 동반자 샷이 훌륭하면 왜 그런지 내 샷도 예리해진다. 동반자가 뒤땅을 치거나 토핑(topping, 공의 상단 부를 잘못 때리는 것)으로 미스샷을 날리면 다음 동반자 역시 망가진 샷을 날리는 것을 한두 번 본 게 아니다. 반대로 동반자가 '오잘공'을 날리면 다음 동반자 역시 환상의 샷을 칠 확률이 높다. 너도 나도 이왕이면 최상의 플레이를 하는 것이 목표인 것, 그게 골프가 지니고 있는 동반사회 속성이다.

대개 골프는 레슨을 통해 처음 배운다. 독학하는 이도 있긴 하지만, 대부분 코치에게 기술을 습득한다. 처음 배울 때 이해하기 어려운 게 "어깨에 힘을 빼라"는 말이다. 어드레스 교정을 할 때도, 샷을 할 때도 계속 힘을 빼라고 한다. 어떻게 해야 힘을 빼는지 모르는데, 코치의 계속되는 지적에 난감했던 기억이 다들 있을 것이다. 힘이 들어가면 좋은 샷을 날리기 어렵기에 반드시 힘을 빼야 한다는 것은 고수가 돼봐야, 그제야 안다.

인생도 마찬가지다. 살다 보면 어깨에 잔뜩 힘이 들어가 있는 사람들을 보곤 한다. 대개 금수저로 태어난 이들이거나 권력의 완장을 찬 이들이거나 그것도 아니라면 가방끈이 길다는 것을 과시하며 살아가는 이들이거나 상사에 아첨하며 후배들을 제물 삼아 출세를 꿈꾸는 이들이다. 이들은 우리 사회의 진정한 실력자가 아니다. 내가 만나본 진짜 실력자들은 대개 어깨에 힘을 빼며 살아가는 이였다.

누구보다 겸손하며 인간을 살갑게 대하고 친절을 베풀 줄 아는 사람들이었다. 인간 사회의 고수는 바로 이런 이들일 것이다. 이런 고수가 많을수록 공정사회는 튼실해진다. '힘 빼는 기술'을 터득한 이가 고수로 인정받는 골프처럼 말이다.

아마추어는 '주는 것' 다 받는 게 공정

그렇다고 일반 골퍼가 공정이나 정직을 너무 강조할 필요는 없을 것 같다. 프로가 아닌 이상, 남들이 허용하는 범위에서 제공하는 배려는 그냥 받아도 된다. "골프장에서 '주는 것'은 다 받으라"는 말은 너무 고지식하면 손해보는 일이 있을 수 있다는 뜻이다.

언젠가 제주 나인브릿지CC에서 있었던 일이다. 하이랜드 코스 9번홀은 골프마니아에겐 평가가 엇갈리는 홀로 유명하다. 어떤 이는 도전과 모험의 홀이라며 좋아하고, 어떤 이는 고개를 절레절레 흔든다. 호불호가 극명하다.

드라이버샷으로 숲을 잘 넘기면 투온이 가능하기에 일생일대의 명장면을 남기고 싶은 욕망을 느끼게 해준다는 사람, 숲을 넘기기가 부담스러워 두려운 홀이라는 사람, 대개 이렇게 나뉜다. 강한 모험심으로 무장해 공격적으로 칠 때 그만큼의 리스크가 뒤따르는 법이라는 교훈을 알려주는 홀이기도 하다.

그날도 예외는 아니었다. 동반자 한 명이 친 초구가 숲 초입 러프에 떨어졌다. 한눈에 봐도 러프가 너무 깊다. 캐디와 함께 다들 공을 찾았지만, 꼭꼭 숨었다. 그 동반자는 해저드를 인정하고 해저드티에서 서드샷을 날렸다. 잘 맞았다. 그 순간이었다. "공 찾았어요"라는 캐디의 말이 멀리서 들려왔다. 혹시나 하고 캐디는 계속 공을 찾고 있었나 보다. 다행이었지만, 문제는 공 위치였다. 러프 깊숙이 들어간 데다 경사도 심했다. 거기서 친다 해도 해저드티샷 이상의 결과가 나오기 힘들어 보였다. 그 동반자는 사실 고수도 아니었다.

캐디도 초보자였나보다. 해저드티샷을 한 이상 공을 찾았더라도 그 위치가 너무 좋지 않기에 공만 줍고 원활하게 플레이를 이어가도록 했으면 무난했을 것이다. 결과적으로 말이다. 그런데 해저드 벌타가 아쉬웠을까. 그가 러프 공을 굳이 치겠단다. 물론 그게 원칙이다. 하지만 앞이 뻔히 보였다. 말렸다. "거긴 너무 어려워요. 서드샷이 좋았으니 그걸로 하는 게 좋을 것 같네요." 그래도 치겠단다. "그러지 마시고 해저드 처리했고, 3구가 좋은 방향으로 갔으니 그냥 가시지요. 보기하면 되지요." 한 번 더 권했는데, 의지가 확고하다. "공을 잃었으면 몰라도 찾았으니 거기서 쳐야죠."

다른 세 명의 불안한 눈빛을 뒤로하고 그는 러프에서 2구째를 휘둘렀다. 아니나 다를까, 픽 소리가 나더니 10미터도 채 나가지 않는다. 또 한 번 쳤는데 비슷한 결과다. 결국 6구 만에 숲을 빠져나왔다. 이미 얼굴은 벌개질 대로 벌개졌다. 마음이 상할까 싶어 러프에서 친 공은 없던 것으로 하고 해저드티샷으로 4구를 쓰라고 했더니, 그 말도 안듣는다. 자존심이 상해서 그랬는지, 원래 정석플레이를 고집하는 스타일이라 그랬는지 모르겠지만, 암튼 보기 정도로 끝낼 수 있었던 18번홀에서 그는 헤아리기도 포기할 정도의 엄청난 타수를 까먹었다. 프로가 원칙에 충실하는 것은 당연하지만, 아마추어는 때론 상대방의 호의를 못 이기는 척 받아들일 필요가 있다는 것을 깨달은 하루였다. "골프장에선 남이 주는 것은 다 받아라"는 말이 아마추어계에선 위대한 진리임을 재차 확인한 하루이기도 했다.

사실 빈틈없는 사회는 숨 막히는 사회다. '공정'을 모든 계층에 일률적으로, 강제적으로 적용하는 것은 매정한 사회일 것이다. 리더층에겐 엄격한 룰을 지키게 하되, 상대적인 약자나 소외계층엔 사회적으로 용인할 수 있는 범위 내에서 배려에 인색하지 않는 게 공정사회가 아닐까 한다. 그러니 일부 민초들은 약간의 배려는 제공받아도 될 것이다.

나인브릿지CC에서 얻은 교훈이다. 러프에서 헤맸던 그 동반자는 그때의 일을 어떻게 기억할까. 후회할까, 아니면 잘했다고 스스로 위안 삼을까. 궁금하다.

8홀

골프에
혁신이 있다고,
뭔 소리여?

　　　　　　　　　　　　'캥거루 출발법.' 한 번쯤은 들어

봤을 법한 단어다.

　1896년 미국의 토머스 버크는 제1회 아테네 올림픽 100미터 경
기에 출전했다. 스타트 라인에 선 그의 모습은 이상했다. 다른 선수
들은 다들 서서 출발을 준비하는데, 버크는 달랐다. 잔뜩 몸을 웅크
린 채 캥거루 자세를 취한 것이다. 관중들은 그 모습이 우스꽝스럽
다고 배꼽을 잡았고, 심지어 비웃기도 했다. 모두들 스탠딩 스타트
(standing start)를 취했는데, 그만이 독특한 자세를 보이자 낯설고
어색했던 것이다. 훗날 이 자세는 크라우치 스타트(crouch start)로
불리게 된다. 잔뜩 웅크렸다가 스타트 음과 동시에 탄력을 받아 뛰는
캥거루의 모습에서 힌트를 얻어 이런 출발법을 개발, 적용한 것이다.

버크는 이날 금메달을 거머쥐었다. 역사상 '아무도 시도하지 않았던 자세'로 우승한 것이다. 누가 '위력'을 보이면 다들 따라하는 법이다. 이날 이후 버크의 캥거루 출발법은 단거리 육상 출발 자세의 새로운 기준이 됐다. 기존 단거리 스타트 기술의 가치를 일순간에 뒤엎어버리는 충격을 던져준 채 말이다. 어쨌든 200년 이상 사용해오던 스탠딩 스타트 기술을 버리고 모든 선수들이 크라우치 스타트 자세를 받아들였고, 오늘날까지 이 주법으로 단거리 선수들은 달리고 또 달린다. '혁신'을 거론할 때 자주 인용되는 사례다.

또 있다. 1968년 10월 멕시코올림픽 메인경기장. 미국의 높이뛰기 선수 딕 포스베리가 힘차게 도약했다. 순간, 환호해야 할 관중들이 고개를 갸웃했다. 뭔가 이상했다. 바를 넘으려면 몸을 앞으로 해서 힘차게 솟구쳐야 하는데, 반대로 돌아누운 자세로 비상하는 게 아닌가. 역사상 최초의 '배면뛰기' 시도였다. 당시 대부분 선수들이 사용하는 방식은 옆으로 바를 넘는 '가위뛰기'였다. 역사상 최초의 배면뛰기 시도는 금메달을 안겨주었다. 올림픽 신기록(2미터24센티미터)을 기록하면서 말이다. 이 배면뛰기는 이후 대세가 됐고, 오늘날 대부분의 선수들은 이 방식으로 높이뛰기를 한다. 어떻게 하면 더 높이 뛸 수 있을까 고민하게 됐고, 이런 저런 방법 중에 가장 유효한 기술을 찾아낸 포스베리의 혁신적인 사고 덕분에 배면뛰기는 세상 밖으로 나올 수 있었다.

캥거루 출발법, 골프 혁신의 답이 있다

골프에도 '혁신'이 있다. 이렇게 말하면 얼핏 이해할 사람은 많지 않을 것이다. 이해한다고 해도 골프클럽이나 공의 혁신적 소재와 첨단기술의 발전과 진화 쪽으로 시선을 둘 것이다. 그런 제품 기술 얘기가 아니다.

언젠가 레이크사이드CC였던 것으로 기억한다. 그리 길지 않은 파4홀에서 드라이버샷이 땅에 깔리면서 100미터도 안 나갔기에 투온은 기대도 안 하고 세 번째 샷으로 온그린을 시도했다. 그런데 오버가 되면서 그린을 넘어 공은 위쪽 벙커에 들어갔다. 캐디에게 "벙커에 들어간 것 같죠"라고 했더니 "그렇다"며 샌드를 건네준다. 혹시 몰라 퍼터도 같이 들고 갔다. 벙커 안에 발을 담가보니 어정쩡하다. 벙커샷 라이도 무난하긴 한데, 길게 맞으면 다시 그린 아래로 한참 내려갈 것 같기도 하다. 그렇게 되면 포온은 커녕 파이브온도 장담하지 못할 상황이 될 수 있겠다 싶었다. 그러데 벙커 턱을 유심히 살펴보니 퍼팅으로 굴려도 넘겨서 홀컵에 붙일 수 있을 것 같았다. 퍼팅 라이도 가능해 보였던 것이다.

퍼터를 잡았다. 그러곤 매우 신중하게 퍼팅했다. 벙커 턱에서 5미터 정도를 지난 공은 언덕을 넘어 구르더니 홀컵에 30센티미터 정도로 가깝게 붙는 게 아닌가. 가볍게 보기로 그 홀을 마쳤다. 점수상으론 최상의 플레이였다. 동반자 한 명이 나중에 이렇게 말했다.

"와, 벙커에서 퍼팅하는 사람 처음 봤어요. 좀 웃긴 했는데, 하긴 어찌어찌 뭘로 쳐도 붙으면 되니까요."

사실 수많은 샷 중 특정 샷을 기억하기는 쉽지 않다. 그것을 잊지 않고 있는 것은 벙커에서 처음으로 퍼팅을 했기 때문이다. 나 역시 벙커에서는 무조건 샌드만 쳐야 한다고 생각해왔고, 실제로 샌드만 휘둘러왔다. 뭐든 첫 기억은 오래가는 법이다. 게다가 스스로도 꽤 만족한 벙커탈출 퍼팅이었으니 아직도 그 장면이 생생하다. 이후 샷에 대한 고정관념을 버리고 조금 창의적으로 플레이하는 습관이 생겼다. 결과가 좋았든 신통치 않았든 결과에 큰 의미는 두지 않았다. 조금은 색다른 시도를 하면서 나만의 성과물을 체크하고 개선해 나가는 것, 이런 골프도 참 맛깔스럽다고 여겼기 때문이다. 아마추어 골퍼로서 갖게 된 이런 생각을 남에게 말한 적은 없다. 프로도 아닌데, 창조적 플레이 어쩌구저쩌구 하면 시건방 떤다고 눈총을 받을 테니까.

후배 하나 중 '굴달'이라 불리는 이가 있다. 골프에서 굴리는 것만큼은 달인이라는 뜻으로 붙여준 이름이다. 어느 날 그와 필드에서 만났다. 잘 친다는 소문은 익히 들었다. 일단 드라이버 거리가 많이 나갔다. 안정적이기도 했다. 몇 홀 돌다 보니 이상했다.

보통 남성 골퍼는 100미터에서 120미터 사이 정도는 피칭으로 공을 높이 띄워 그린을 공략한다. 100미터 안쪽 역시 웨지로 띄워 공을 날리는 법이다. 후배는 달랐다. 근거리에서의 모든 샷을 9번 아이언으로 굴리는 것이었다. 그런데 놀랍게도 공은 매번 홀 가까이 붙었다. 그린 앞 러프나 에지 정도까지 낮은 샷을 날려 그 힘으로 그린에서 공을 굴러가게 하는 것이었다. 그러다 보니 근거리 샷 어드레스는 낯설었다. 아무래도 굴리는 샷이라서 아이언을 휘두르는 모습이 야구 배팅과 흡사했다. 낮은 자세로 코킹을 거의 생략한 채 샷을 하니까 약간 어정쩡하게 보이기까지 했다.

18번홀이 끝났을 때 그의 타수는 정확히 79였다. 싱글이었다. 몇 타 차이로 졌다.

목욕탕 뜨거운 물속에서 물어봤다. "근데 왜 공을 안 띄우고 굴려? 띄우는 것이 더 확률이 높은 것 아냐?" 그랬더니 그가 사정을 얘기한다. 처음엔 잔디를 찍어치는 연습을 했단다. 그런데 잘 안되더란다. 어느 날 9번 아이언으로 굴려봤더니 홀에 1미터가 붙더란다. 계속 그렇게 쳤단다. 남들이 그 자세를 이상하게 봐도 그걸 고집했단다. 그랬더니 어느 날부터 몸에 익숙해지고 오히려 그 방식이 더 편해지더란다. 오히려 공을 띄우려 하면 더 잘 안 된단다.

목욕탕을 나오며 그에게 한마디 했다. "띄우면 어떻고, 굴리면 어떠랴. 잘 친다는 게 중요하지. 인정한다, 굴달아."

'낚시꾼 스윙' 최호성은 이단아인가

　이건 중요한 포인트다. 좋은 플레이를 하려면 고정관념을 버려야한다. 앞에서 말한 것처럼 벙커에서 퍼팅하지 말라는 법은 없다. 근거리에서 꼭 띄우기를 고집할 필요도 없다. 자신에게 맞는 샷과 타법을 개발하고, 가끔은 창조적으로 플레이를 시도하는 것이 좋은 골프다.

　골프에서 가장 중요한 요소로 여기는 '폼(form)' 역시 그럴 것이다. 프로골퍼 세계에선 이상적인 폼을 추구하지만, 아마추어가 그폼을 맞추기는 무리인 경우가 많다. '황새 따라간 뱁새 가랑이 찢어진다'고 프로 따라 하다가 허리 삐긋한 사람 참 많이 봤다.

　이런 경험 다들 있을 것이다. 어느 날 우연히 홈쇼핑을 보니, 쇼호스트가 모델을 앞세워 신상 옷을 소개한다. 모델이 입은 옷을 보니 탐난다. 쇼호스트는 "초대박상품이라 인기가 워낙 폭발적이어서 1분밖에 안 남았다"고 요란스럽게 유혹한다. 마음이 초조하다. 그래 까짓것, 하나 사자. 즉석 구입을 하면 며칠 후 집으로 그 옷이 온다.

　그런데 입어보니 모양이 안 나온다. 모델이 입었을 때 빛나던 핏(fit)이 영 아니다. 마음에 안 들어도 그냥 입어야 하나, 반품해야 하나 고민이 생긴다. 누구나 한두 번은 겪어봤을 일. 다 알다시피 이유는 단 한 가지다. 모델과 홈쇼퍼(home-shopper)의 체형이 다르기 때문이다. 나만의 옷이 필요할지도 모를 홈쇼퍼가 동일한 옷으로 어느 옷이라도 잘 어울리는 모델과 같은 느낌이 나기를 바라는 것은 욕심이다. 무조건 모델 따라 옷을 선택하면 낭패보기 쉽다. 인정할 것은 인정하자.

골프 역시 마찬가지다. 중요한 게 '나만의 스타일'이다. 본인 체형에 맞는 어드레스, 코킹, 샷 등은 아마추어가 고민해 봐야 할 대목이다. 일단은 훌륭한 스승(코치)을 찾아보자. 아마추어 체형과 스타일을 중시해 '맞춤형 레슨'을 해주는 코치를 만나면 자기만의 플레이를 개발할 확률이 높다. 그런 사람은 운이 좋은 것이다. 대개 처음엔 아마추어에게 레슨프로는 교과서적인 스윙을 요구한다. 그걸 기본기라고 한다. 모든 운동에서 기본기는 제1원칙이란 점에서 이를 강조하는 것은 좋다. 다만 그걸 따라 할 능력이 있는가, 그것이 체형에 맞는가는 별개의 문제다.

가장 본받을 만한 자세로는 어니 엘스(남아공)를 꼽는다. 190센티미터가 넘는 큰 키에 95킬로그램의 체구가 골퍼로선 이상적인데다가 부드럽고도 힘찬 리듬과 밸런스를 갖춘 프로가 바로 그라고 한다. 지구상에서 가장 완벽한 골프 자세가 바로 어니 엘스의 것이라고 하는 이도 많다. 한국 프로골프계에선 남자 프로로는 배상문, 여자 프로로는 고진영과 김효주의 스윙이 완벽에 가깝다는 평가를 받는다. 그래서 이들의 스윙을 '교과서 스윙'이라고 부른다.

그런데 이같은 상식을 완전히 파괴하는 이단아(?)가 나왔다. 바로 최호성이다. '낚시꾼 스윙'으로 전 세계 골프팬의 시선을 사로잡은 이다. 그의 스윙을 처음 봤을 때, 솔직히 말하자면 웃지 않을 수 없었다. 자세가 해괴망측했기 때문이다. 피니시 동작에서 클럽을 낚아채듯 들어올리는 모습이 낚시 같다고 해서 붙은 '낚시꾼 스윙'이라는 자세는 아마추어인 내가 봐도 정말 이상했다. 그런데도 지구촌 내로라하는 프로와 어깨를 나란히 하는 걸 보면 신기할 정도다.

2018년 일본 투어에서 우승, 세계랭킹 198위로 뛰어오르면서 PGA투어에까지 서게 된 최호성은 여전히 몸을 한두 바퀴 돌리는 기기묘묘한 동작과 기술을 과시하고 있다. 그가 학창시절 참치 해체 실습 중 사고로 오른손 엄지 첫 마디를 잃었고, 잡지를 통해 독학으로 스윙을 배웠다는 인터뷰를 보곤 고개가 절로 끄덕였다. 남들과 뭔가 다르다는 것은 남들과 뭔가를 차별화해야 한다는 뜻과 같다. 다른 사람의 동작을 그대로 따라 하면 노력에 따라 일류는 되겠지만, '초일류'는 될 수 없다.

어느 인터뷰 기사를 보니 최호성은 "비디오 등을 보면서 다른 프로들과 비슷한 포즈를 취했는데, 아무리 해도 유연성과 파워가 부족하더라. 이를 만회하려다 보니 지금의 스윙이 만들어진 것 같다"고 했다. 정말 대단한 말이 아닐 수 없다. 핸디캡을 극복하고자 각고의 노력으로 남들과 차별화하려 했고, 그러다 보니 자기 색깔에 맞는 스윙을 개발했다는 의미다.

다른 사람이 보기에 우스꽝스럽고, 격이 떨어져 보일 수 있지만 자기에겐 최상의 스윙이라는 것이다. 캥거루 주법이나 배면뛰기 역시 처음 세상에 나타났을 땐 조롱을 받았다. 그 역시 그랬다. 최호성의 폼이 혁신이 아니면 어느 누구의 폼이 혁신이겠는가. 초일류가 되겠다는 근성과 열정, 인내와 고집이 대단하다. 최호성이 바로 혁신이었다.

캥거루 출발법이 어느 날 누군가에 의해 세상에 뚝 떨어진 것처럼, 낚시꾼 스윙 이상의 가공할 폼을 사용하는 제2, 제3의 최호성이 나타난다면 현존 프로선수들이 사용하는 어드레스와 스윙은 확 바뀔지도 모른다. 힘을 이상적으로 발휘할 수 있다는 현재의 골퍼 폼이 인간이 개발한 가장 강력하고도 안정적이며 효율적인 자세로 군림해왔다는 점에서 당장의 변화는 없겠지만 말이다. 그렇지만 누가 알겠는가. 예를 들어 투포환 경기처럼 몇 바퀴 돈 뒤 그 회전력을 이용해 매우 강력한 드라이버샷을 시도하는 프로가 나올지……. 그때는 정말 비웃지 않겠다.

폼생폼사·실력, 둘 중 하나를 선택한다면

'골프여제' 박인비의 폼 역시 혁신까지는 아니지만, 창조적 플레이에 근접할 것이다. 박인비 스윙은 일반 여자프로골퍼의 스윙과는 좀 거리가 있다. 특유의 장신에서 뿜어져 나오는 파워와 피니시 동작 때 온몸이 활처럼 휘는 아름다운 폼으로 사랑받는 미셸 위의 자세 등과는 다르다. 박인비 스윙은 다 알다시피 '하프 스윙'이다.

백스윙은 다른 프로에 비해 낮으며 상당히 느리고, 코킹(Coking, 백스윙 때 왼쪽 손목을 꺾는 동작으로 비거리를 내는 중요한 요소 중 하나)은 왠지 어색해 보인다. 그럼에도 불구하고 다른 프로에 비해 비거리는 떨어지지 않고, 정교한 아이언샷과 타고난 퍼팅 감각을 앞세워 여성프로 세계를 평정했다.

"다른 프로에 비해 유연성이 떨어진다고 봤어요. 그래서 나만의 스윙을 만든 거죠." 박인비는 자신의 스윙에 대해 그렇게 말한 적이 있다. 자신의 몸에 맞는 최적의 스윙이 바로 하프스윙이었다는 말이다. 이 하프스윙으로 그는 한국인 메이저대회 최다승을 일궜다. 그리고 커리어 그랜드슬램을 달성한 최초의 아시아인이 됐다. 폼으로 말하지 말고, 결과로 얘기하라. 박인비는 그 말의 의미를 입증했다.

아마추어 골프로 다시 돌아오자. 사실 폼에 대해서라면 프로보다 아마추어 세계에서 더 할 말이 많다. 필드에서 수많은 사람을 만났고, 그들과 동반 플레이를 하면서 참으로 다양한 스타일을 접해봤다. 제각각인 폼도 누구보다 많이 봐왔다. 그런데 그중 기묘하기로는 군계일학인 폼을 지닌 사람이 있다. 오랫동안 알아온 이다.

그가 스윙을 할 때, 그것을 똑바로 볼 수 있는 사람은 결코 없을 것이라고 장담한다. 이런 저런 폼 다 봤을 캐디에게도 그가 스탠스를 취할 때쯤이면 먼산을 바라보라고 조언할 정도다. 산전수전 겪은 캐디도 그의 스윙을 보면 웃지 않을 수 없을 테니까 말이다.

캐디가 웃으면 손님에 대한 실례가 아닐 수 없다. 그런 일이 없도록 하고자 캐디한테 시선을 돌리라고 말하는 것이다. 어떻게 말로 설명할 수 없다. 그의 스윙은 글로써는 표현 불가다. 고개를 젖혔다 똑바로 했다, 드라이버를 공에 붙였다 뗐다, 춤추는 자세를 취했다 고정했다, 세상의 요상한 포즈란 포즈는 다 취하는 것 같다. 샷을 할 때 공은 쳐다도 안 보며 고개를 옆으로 누인 채 5초 정도 머무는 그의 진지한 모습을 보면 포복절도에 대한 강렬한 유혹이 절로 인다. 게다가 본인 스스로도 이를 잘 아는지 "웃기지? 웃어도 돼"라고 말할 때면 잔디 페어웨이를 구르며 한바탕 웃어제끼고 싶은 욕망이 솟구친다.

그런데도 그는 고수다. 비거리도 상당히 좋다. "이렇게 치는 게 잘 맞는 걸 어떡해? 그래도 폼 너무 이상하지? 조금씩 바꿀 거야"라고 언젠가 그는 말했다. 아마 전보다 간결한 폼으로 바뀌었을 것이다. 그래도 웃기는 건 어쩔 수 없겠지만 말이다.

지금 와서 보니 전혀 웃을 일이 아니었다는 생각이 든다. 그는 골프를 독학했다고 했다. 레슨 받은 적이 한 번도 없다고 했다. 그렇지만 누구보다 열심히 연구했다고 했다. 아, 독학을 하면서 일단은 공을 맞추고 거리를 멀리 보내는 것에 치중하다 보니, 그 결과물이 상식을 벗어난 폼으로 되었구나. 이해가 됐다. 하긴, 좀 웃기면 어떠랴. 잘 치면 되는 거지. 그래도 최호성 프로 샷을 봤을 때, 자동적으로 그가 떠오른 것은 어쩔 수 없었다. 그는 최 프로의 모습을 보면서 누구보다도 더 큰 박수를 보냈을 것이다. 엄청난 동질감을 느끼면서 말이다.

신용문객잔의 칼잡이, 그가 최고수였다

골프에 관한 개똥철학에 일가견이 있는 내 친구는 이 말을 신봉한다. "고수의 공은 본 대로 가고, 중수의 공은 친 대로 가고, 하수의 공은 걱정한 대로 간다." 고수 축에 속하는 그 역시 폼은 별로다. 잔뜩 몸을 웅크리는 어드레스 탓에 폼이 고급스럽지는 않다. 그런데도 공은 최소한 '친 대로' 이상은 간다. '걱정한 대로' 가는 샷은 별로 나오지 않는다. 아마 내 폼 비웃지 말라고 이런 얘기를 자주 하나 보다.

폼이 좀 이상하면 어떠랴. 자세가 좀 우스꽝스러우면 어떠랴. 그 친구에게 이렇게 맞받아준다. "그렇지. 폼이 별거야? 그린에 잘 올리면 그게 최고지."

무협명작 '신용문객잔'을 아시는가. 잘생긴 양가휘, 뇌쇄적인 눈빛의 임청하, 아름답고 요염한 장만옥이 주인공인 영화다. 하도 오래전에 본 영화라 줄거리가 다 생각나지는 않는다. 그런데 마지막 장면이 하도 인상적이어서 그런지 지금도 또렷하다.

무림 최고의 고수 환관은 양가휘를 쫓고, 그런 양가휘와 임청하, 양만옥이 같은 편으로 환관과 최후의 결투를 벌이는 그 장면은 압권이었다. 끝없는 사막 바다 한가운데서 모래바람이 휘몰아치고, 허리까지 쌓인 모래 속에서 옴짝달싹 할 수 없는 그들. 살이 떨리는 긴장감 속에 그들의 목숨 건 승부가 펼쳐지는데……. 아, 그 환관이 너무도 강한 초절정고수다. 셋이 힘을 합쳤는데도 이길 방법이 없다. 상황은 절망적이다.

그런데 모랫속에서 한 인물이 짠 하고 나타나며, 환관의 다리를 난도질한다. 오랫동안 용문객잔에서 칼잡이를 하던 이다. 무림세계에서 따지면 이름은커녕, 족보도 없는 이다. 용문객잔에서 평생 고기만 썰던 그, 여관주인 장만옥에게 구박만 받던 하찮은 신분의 그다. 그런데 고기 뼈 바르는 것만큼은 세상에서 최고의 전문가다. 동에 번쩍, 서에 번쩍 번개처럼 움직이며 현란한 '뼈 바르기' 신묘를 연출하는 그. 천하 최절정 고수도 그의 고기칼 다루는 솜씨 앞에서는 당황할 수밖에 없다. 환관의 다리는 어느새 살점이 떨어져 나간 채 뼈만 앙상하게 드러난다. 결국 그 칼잡이 덕분에 양가휘는 환관에게 승리를 거둔다. 난공불락의 환관을 무너뜨린 것이다.

칼잡이의 무술은 사실 무술이 아니었다. 무림인이라고 내세울

초식도 내공도 없었다. 정통무림파에서 봤다면 그 괴상한 칼놀림에 코웃음 치고 상대도 해주지 않았을 것이다. 그렇지만 아무도 몰랐다. 본인 역시 몰랐다. 수많은 날 동안 용문객잔에서 고기를 썰고, 뼈를 바르며 그 일에만 전념해온 칼잡이는 눈 감고도 살과 뼈를 분리할 수 있는 달인의 경지에 올랐고, 살코기에 관한 한 입신 반열에 올라 있었던 것이다. 그러니 무림세계 최고수인 환관의 다리를 살코기로 여기고 겁 없이 달려드는 칼잡이를 어찌 감당할 수 있었겠는가.

극과 극은 통하는 법. 무술 칼과 고기 잡는 칼, 뭣이 됐든 하나로 득도의 경지에 오르면 그게 바로 초절정 고수가 아니겠느냐고 감독은 강조하고 싶었을 것이다. "건방 떨지 말라. 자만하지 말라. 강호엔 자신도 모르는 최강 내공을 가진 고수가 얼마든지 있다." 영화는 이 메시지를 외치고 싶었을 게다.

이 영화를 필드에 적용한다면 이렇게 말할 수 있겠다. "세상에 난다 긴다 하는 골프 프로여, 아마추어 세계를 군림하는 강호의 최고수여, 자기들 집단에서 필드왕으로 나름 대접을 받고 있는 골프 고수여, 오만을 거두라. 듣보잡(듣지도 못하고 보지도 못했던 잡 것) 폼일지라도 가공할 위력을 지닌 숨은 고수가 어느 날 갑자기 등장해 폼생폼사(폼에 살고 폼에 죽는다는 뜻)인 그대들을 추풍낙엽처럼 쓰러뜨릴지 모른다. 필드에서의 칼잡이를 무서워하라. 그러지 않으면 상식이 파괴되는 듯한 엄청난 충격을 느끼며 정신이 혼미해지는 나락을 경험할 것이다."

한 가지 타법에 줄기차게 매진해 자신도 모르는 사이 '혁신'을 장착한 이, 오늘도 내일도 모레도 난 이 사람을 경계한다.

9홀

당신이 꼭
알아야 할 필드를
지배하는 법칙

전라북도 진안군 주천면 무릉리 선봉초등학교. 내가 다니던 두메산골 초등학교였다. 한 학년이 한 반(20명 안팎)으로 전교생이 120명 정도였다. 다들 "시골에서 못 살겠다"며 도시로 나가는 시대여서 학생 수가 줄어들어 지금은 폐교됐지만, 그 아담하던 교정은 지금도 가슴속에 살아 있다.

그때는 소풍이 그렇게도 기다려졌다. 1년에 한 번 먹을 수 있는 김밥, 사이다가 무척 좋았다. 보물찾기 할 생각에 가슴이 뛰었다. 그런데 소풍 날이면 으레 비가 쏟아졌다. 동심(童心)을 몰라주는 하늘이 야속했다. 어떤 아이는 말했다. "학교 울타리에 200년 된 둥근 나무가 있었는데, 그걸 파냈대. 그 안에 용이 될 큰 뱀이 똬리를 틀고 있었는데 죽었대. 그게 억울해서 소풍 날이 되면 비바람을 뿌린대."

사실인지 아닌지 알 수 없고, 그것에 대한 흥미도 없었다. 그냥 소풍을 망치는 것이 원망스러웠다.

세월이 지나고 나서 그게 일종의 '머피의 법칙(Murphys law)'이라는 것을 알게 됐다. 구두를 모처럼 닦으면 비가 오고, 세차를 한 날 눈이 내리며, 어쩌다 시내에 약속을 잡았는데 하필 그날 대규모 시위가 벌어져 난감한 상황들. 일이 자꾸 꼬이는 것이 바로 머피의 법칙이다.

필드 위에서도 머피의 법칙이 난무한다. 고관대작(高官大爵, 고위 벼슬 또는 그 자리에 있는 사람)이라도 이걸 피해갈 수 없다.

2019년 11월 중순. 우리 부부는 절친 부부와 골프 약속을 잡았다. 한 달 전에 정한 날이고, 아내는 들뜬 어린아이처럼 약속 날을 손꼽아 기다렸다. 정규홀 경험이 두 번밖에 없는데다, 부부끼리 친다는 것에 기대감이 컸었나 보다. "우울해." 약속 이틀 전 아내에게 카톡이 왔다. 이유를 물으니 그날 비소식이 있다는 것이다. "많이 안 오면 칠 수 있으니 걱정 마셔"라고 했지만, 나 역시 실망감은 컸다.

결론적으로 어찌어찌 운동은 끝낼 수 있었다. 집에서 출발할 때 세차게 내리던 빗줄기는 현장에 가보니 가늘어졌고, "여기까지 왔는데 치고 갑시다"라는 중론에 힘입어 운동을 강행했기 때문이다. 그날 사계절을 필드에서 겪었다. 비가 내리다가 우박이 쏟아졌고, 햇볕이 나타나 봄철 기운을 잠깐 보이더니 다시 초겨울 날씨의 매서운 추위를 보였다. 날씨가 요동치니 몸이 얼어붙었다. 골프 제법 친다는 친구는 백돌이 플레이에서 벗어나지 못했고, 나 역시 그랬다. 초보자인 부인 두 명은 더욱 헤맬 수밖에 없었다. "그래도 기억나는 날이 될 거예요. 오늘이 잊혀지지 않을 것 같네요"라는 누군가의 말에 네 명은 동시에 웃었다. 하긴, 궂은 날이 있으면 좋은 날도 있는 법. 따뜻한 봄날에 다시 만나기로 하고 우리는 헤어졌다. 돌아오는 차 안에서 속으로 읊조렸다. "머피, 미워."

4~5년 전 얘기다. 이른 아침 해비치CC를 향해 차를 몰았다. 티오프 시간은 오전 7시 정도였다. 아직 해가 뜨지 않은 시간이었다. 강변도로에 어둠이 짙게 깔려 있었다. 뭔가 이상했다. 커브를 도는데 갑자기 느낌이 싸했다. 도로 난간을 들이받았다. 급브레이크를 밟았다. 다행히 사람은 없었고, 뒤따르는 차량이 없어 큰 사고는 면했다. 길 한쪽으로 차를 밀어놓고 보험사에 연락했더니 견인차량을 보내준다.

자동차 정비소에 맡길 시간도 없었다. 집에 차를 갖다놓고 무조건 택시를 탔다. 집에서 멀지 않은 골프장인 게 다행이었다. 동반자들은 2홀째를 돌고 있었다. "죄송하다", "죄송하다"를 연발하고 합류했지만, 사고차량 수습 걱정 때문에 골프를 손으로 쳤는지, 발로 쳤는지 모를 정도로 정신줄을 놓았던 것 같다. 그나마 큰 사고로 이어지지 않은 것을 천운으로 받아들이긴 했지만, 하필 골프장 갈 때 벌어진 일이라 두고두고 기억에 남는다. 머피는 내 골프인생에 이처럼 몇 차례 끼어들었다.

골프, 유난히도 많은 머피의 법칙

머피의 법칙과 유사한 것이 바로 '징크스'다. 중요한 경기에서 타이거 우즈가 빨간 티셔츠를 입고 출전하는 것도, 김세영이 빨간 바지를 즐겨 입는 것도 징크스 때문이란다. 왠지 빨간 옷을 입으면 집중도가 높아지고, 샷이 잘된다는 것이다. 이들뿐 아니다. 프로골퍼들은 대부분 징크스를 갖고 있다. 내가 만나본 이들 중에는 수염을 깎으면 경기를 망치기에 아예 덥수룩한 모습으로 나타난다는 프로 선수가 있었고, 전날 손톱을 손질하면 꼭 OB가 한두 개 나오는 징크스가 있기에 손톱 관리를 일부러 하지 않는다는 여성 골퍼도 있었다.

프로를 거론하면서 아마추어인 내 얘기를 하는 것은 좀 쑥스럽지만, 나 역시 징크스가 있다. 홀인원을 했을 때 내가 입고 있던 티셔츠는 노란색이었다. 이후 왠지 노란 티셔츠를 입으면 기분이 좋았다. 반드시 잘 쳐야 하는 골프 약속을 앞두고는 그래서 노란색 티셔츠를 챙기는 버릇이 생겼다.

징크스는 이처럼 긍정적인 측면도 강한데, 머피의 법칙은 부정적인 측면이 짙다. 하지만 나쁜 머피의 법칙만 있는 것이 아니다. 그 반대인 '샐리의 법칙'(Sally's law)도 있다. 일이 자꾸 잘 풀리며 행운이 줄줄이 이어지는 경우다.

언젠가 필드에서 만난 친구 녀석은 초구에 들어가기 전 이런 얘기를 했다. "전세를 내놨는데 두 달째 안나가는 거야. 걱정 많이 했는데, 어제 계약했어. 속 시원해." 그래서 속 시원하게 샷을 날렸는지, 그날 녀석은 16번홀인가 17번홀인가 파4홀에서 이글을 했다. 드라이버샷 방향과 거리는 별로 좋지 않았다. 그래서 좀 무리를 할 수밖에 없다 싶어 그 친구는 2구로 우드를 택했다. 우드로 친 공은 낮게 깔리며 툴툴툴 굴러갔다. 겉으로 봐선 실수처럼 보였다. 그런데 그린 근처에나 겨우 도달할까 싶었던 공이 힘은 있었는지 계속 굴러가는 게 아닌가. 그러곤 오른쪽 그린턱을 넘어 내리막길을 하염없이 타더니 앞핀 홀컵에 들어가 버렸다.

이글이었다. 녀석 샷을 비하하자는 게 아니라 표현 그대로 하자면 '꾸역꾸역 들어가는' 것이었다. 아, 재수 짱이네. 되는 놈은 되는구나. 저녁을 사면서도 기분이 좋은지 참새처럼 재잘대던 녀석의 말은 이랬다. "야 이거. 어제 전세가 빠지더니 오늘 이글이 나오네. 내일은 무슨 좋은 일이 있으려나".

사촌이 땅을 산 것도 아닌데 약간 배가 아파 머리통을 한 대 쥐어박으려다 참았다. 이게 골프다.

골퍼들끼리 하는 얘기 중 하나다. 신(神)이 골프를 치면 과연 몇 타를 치실까. 누군가는 이렇게 말했다. "인간 영역 밖의 상상치 못할 능력을 가진 분이기에 18홀 내내 홀인원을 하니까 18타를 기록하겠지." 맞다. 그럴 수 있겠다. 하지만 내 생각은 약간 다르다. 신께선 20타를 칠 것이다. 왜냐고? 신도 첫홀에선 OB를 내실 테니까. 그러곤 3구째 직접 넣어 버디를, 나머지 홀은 무조건 홀인원을 할 것이니 타수는 그렇게 될 것이다. 전지전능하신 분이 OB를 내겠는가마는 그만큼 첫홀에서의 초구는 떨리고 어렵다는 뜻이었다.

신이 골프 친다면, 18타? No… 20타랍니다

골프를 치다 보면 알겠지만, 고수일수록 첫홀에서 초구는 안정적으로 친다. 일부러라도 안정적인 샷을 추구한다. 몸이 덜 풀린 상태라 애써 무리할 필요가 없다는 것이 주된 이유지만, 초구를 잘 쳐야 상대방도 잘 칠 확률이 높아진다는 것을 오랜 경험을 통해 알고 있기 때문이다. 즉, 초구를 치는 이가 OB를 낸다면 뒷사람도 이에 영향을 받을 수 있기에 보통의 70~80퍼센트의 힘으로 정확도만 높이는 샷을 구사하는 것이다.

지인 중 고수 중 고수로 통하는 분이 그렇다. "첫홀 처음 치는 사람은 거리 욕심 없이 페어웨이 중앙에 보내려는 노력을 해야 해요.

가급적 부드럽게 안정적으로 보내려고 해야 합니다. 그래야 다음 차례 사람도 부담없이 치거든요." 그 역시 그렇게 한단다. 그 사람이야 고수니까 말이 쉽지, 페어웨이에 갖다 놓는 자체가 어려운데 무슨 자다가 봉창 두드리는 소리냐고 하는 이도 있을 수 있겠다.

그가 얘기하고 싶은 것은 바로 '나비효과(butterfly effect)'일 것이다. 알다시피 나비효과는 지구 건너편에서 나비가 한 번 펄럭이는 게 반대편에서는 거대한 폭풍으로 변할 수 있다는 말이다. 그런데 이는 놀랍게도 골프에서 빈번하게 적용되는 법칙이다. 누군가 초구를 무난하게 치면, 두 번째 세 번째 네 번째 치는 동반자 역시 무난한 샷을 할 가능성이 크다는 것, 이게 바로 골프에서의 나비효과다.

나비효과는 좋든 싫든 일종의 '전염'이다. 일반골퍼 고수가 비기너와 한 팀을 이루는 것을 꺼리는 것은 개인적 호불호와는 크게 관계가 없다. 그 사람이 싫어서 회피하는 게 아니라는 뜻이다. 골프란 정말 이상한 운동이다. 동반자 세 명이 더블보기, 트리플보기를 밥먹듯이 하면 고수 축에 속해 있던 한 명 역시 평소에는 그러지 않을 형편없는 샷이 나오기도 한다. 같이 무너지는 것이다. 반대의 경우도 비일비재하다. 예를 들어 매번 100타 근처에서 놀던 사람이 80대 타수의 다른 세 명의 동반자와 플레이하면 그로선 '꿈의 타수'에 진입하는 신기한 경험을 하기도 하는 게 골프다.

이렇듯 골프는 긍정의 힘이든 부정의 힘이든 그것을 동반자에 전

염시킨다. 앞의 고수 중의 고수가 초구를 무조건 안정적으로 치려는 이유는 이왕이면 동반자를 위해 '좋은 전염'을 선물하고 싶기 때문이다. 암튼 긍정의 나비효과를 필드에서 의식하는 것은 즐거운 플레이를 위한 전제조건 중 하나다.

하인리히 법칙(Heinrich's Law)도 필드에선 경계 대상이다. 대형사건이 1건 생기기 앞서 29건의 작은 사건이 있고, 그 전에는 300번의 사소한 사건이 발생한다는 게 하인리히 법칙이다. 대형사건 앞엔 항상 불길한 전조가 있다는 의미로, 늘 조심해야 한다는 말을 할 때 인용하는 법칙이기도 하다. 당연히 필드에선 조심, 또 조심해야 한다. 트러블샷은 늘 신중해야 하며 비탈진 곳에서의 샷은 무리해선 안 될 것이다. 특히 여기저기 날아올 수 있는 공의 위험성은 항상 대비해야 한다. 돌발적으로 생기는 사고야 어찌 인간의 힘으로 막을 수 있겠는가. 다만 그 전조가 있었을 때, 왠지 느낌이 좋지 않을 때는 그 경계심을 두 배, 세 배로 강화할 필요가 있다는 것이다. 참 어려운 얘기다.

이 대목에서 소개하고 싶은 것은 바로 역(逆)하인리히 법칙(Reverse Heinrich's Law)이다. 이는 정반대 개념이다. 사소한 좋은 일이 300번 생기면 좋은 일이 29번 이어지게 되고, 나중엔 대박급의 좋은 일이 한 번 일어난다는 것이다. '방귀가 잦으면 똥 싸기 쉽다'는 말과 궤가 같다. 홀인원을 한 사람들이 대부분 얘기하는 것은 홀인원 전에 느낌이 좋았다는 것이다. 파3홀에서 공이 왠지 착착 붙고, 깃대를 맞거나 홀 옆을 살짝 스치는 등 좋은 징후가 계속 있었다고 한다.

나 역시 그랬다. 생애 첫 홀인원을 하기 전 두어 달간 초구든, 2구든, 3구든 공이 몇 차례 깃대를 맞고 멈춰섰던 기억이 난다. 필드를 즐기려면 '역하인리히 법칙'을 꼭 기억하시라. 한 번의 좋은 느낌은 두 번의 즐거운 느낌으로, 나중엔 황홀한 손맛 느낌으로 변할 수 있다는 것을.

한평생 개수 정해진 성공샷, 총량 불변의 법칙

다음은 내가 필드에서 만나본 이 중 가장 독특한 사고방식을 지닌 고수 얘기다. 클럽하우스에서 식사를 마친 후 카트 앞에 섰는데, 시간이 좀 이르다 싶었다. 5~10분 정도는 여유가 있을 것 같았다. 퍼터를 꺼내 연습용 그린에서 퍼팅을 하고 있는데, 그 고수가 옆으로 다가온다. 그 역시 퍼팅 연습을 하려나 보다 했다. 그런데 연습방식이 뭔가 다르다. 홀컵에 하나라도 더 넣으려고 연습하는 나와 달리 그는 일정 거리 두 곳에 티를 살짝 꽂더니 왔다갔다 공으로 거리계산만 하는 것이었다. 홀컵은 그의 관심사가 아닌 듯했다. 홀컵은 쳐다보지도 않고 양쪽 티 쪽으로 공을 붙이기만 했다. 라이와 그린

스피드만 점검한 채 말이다. 그 이유를 물었더니 답이 엉뚱하다. "사람에겐 무엇이든지 정해진 양(量)이 있어요. 골프도 해당되죠. 평생 드라이버를 쳐서 페어웨이에 안착시키는 횟수는 정해져 있고, 퍼팅도 그래요. 제가 죽을 때까지 구멍(홀)에 넣을 수 있는 퍼팅수는 운명처럼 정해져 있죠. 만약 그게 3000개라면, 굳이 연습 때 홀에 넣어 그 횟수를 줄일 필요가 없잖아요?"

아니, 무슨 그런 해괴한 논리가? 웃으면서 별 사람 다 보겠네, 재밌는 사람이네, 속으로 생각했다. 18번홀이 끝나고 저녁 자리에서 그에게 다시 한 번 그 이유를 자세히 설명해달라고 했다. "저는 인간이 평생 버는 돈 액수는 운명으로 정해져 있다고 봐요. 평생 맛볼 수 있는 영광도 그렇고, 명예의 크기도 예정돼 있다고 봅니다. 골프 역시 다를 게 없죠. 평생 내가 퍼팅에서 성공할 갯수가 정해져 있으니, 이번 한 번 안 들어간다고 조바심 낼 필요가 없죠. 어차피 이번에 안 들어 가면 나중에 들어갈 확률이 커지니까요."

처음엔 궤변 같았는데 자꾸 음미해보니 맞는 말인 것도 같다. 자신의 운명이 예정돼 있다는 것을 인간이 안다면 자기 몫 외의 것은 절대 탐하지 않을 것이다. 분명히 그 자리에서 느낀 것은 그의 말이 쓸데없는 욕심을 자제하는 겸손과도 맞닿아 있다는 점이었다. 어느 날부터 나는 그 말의 신봉자가 됐다. 그러곤 나 역시 퍼팅 연습을 하되, 홀컵으로 넣는 것은 되도록 안 하려 한다. 그 고수의 말대로라면 내가 연습 퍼팅할 때 한 번 성공한다면 그건 실전 퍼팅에서 한 차례의 성공을 깎아 먹는 것을 의미하니까 말이다.

이는 총량 불변의 법칙이라고 할 수 있다. 한 사람에게 주어진 하루의 에너지는 그 총량이 정해져 있다는 법칙이다. 이 법칙을 인정하고 받아들이면 필드에서 스트레스를 받을 일이 없다. 어프로치 샷을 그린에 못 올렸다고, 1미터 퍼팅을 못 넣었다고 스스로 머리를 쥐어박으며 심통난 표정을 지을 필요가 없다. 총량 불변의 법칙을 믿는다면 한 번 실수가 있으면 다음 어프로치 샷과 다음 퍼팅 성공률은 그만큼 올라가니까 말이다. 황당한 논리 같지만 이 법칙을 가슴에 담아 놓으면 실수를 인정하는 법, 그 실수를 통해 개선하고 보완하는 법을 익히고 나아가 매너와 배포가 남다른 골퍼가 될 수 있을 것이다. 지금까지 만나본 고수 중 이와 유사한 철학을 갖고 있는 골퍼가 예상 외로 많았다. 한 번 실수는 병가지상사인 법. 총량 불변의 법칙은 실수에서 성공을 배우는 법의 원리가 담겨 있다.

아, 한 가지 몸에 배이면 배일수록 좋은 법칙도 있다. '무조건 반사(autonomic reflex)' 법칙이다. 좋은 골퍼, 사랑받는 골퍼가 되려면 무조건 반사를 잘해야 한다. 상대방 공이 OB가 나면 "멀리건"이라고 동물적인 반응 속도로 외쳐주고, 상대방 공이 러프에 떨어져치기 어려운 경우엔 반사적으로 공을 좋은 곳으로 살짝 옮겨주고, 상대방 공이 덤불에 들어가면 곧바로 달려가 같이 눈을 부라리며 공을 찾아봐 주시라. 상대가 훌륭한 플레이로 홀컵에 가까이 붙였을 땐 따지지도 묻지도 말고 "오케이"를 외치시라. 상대방의 오잘공엔 그가 한껏 자부심을 드높일 수 있도록 "나이스샷", "굿샷"을 목청껏 소리 지르시라. 당장 돈 1000~2000원은 잃을지 몰라도 사람의 귀한 마음을 얻는 데는 그만한 게 없다. 내 이익과 손실을 깊이 따져본 후 '조건반사(conditioned reflex)'식으로 배려를 베푸는 것은 의미가 없다. 무조건 반사 법칙을 완벽히 몸으로 소화한다면 필드 안팎의 천하무적 인기맨으로서 손색이 없을 것이다.

10홀

'기생충'을
필드에서
만났을 때

　　　　　　　　　 "영상이 아버지는 연탄 퍼요. 그
렇게 잘 풀 수가 없어요~ 한 번만~" 초등학교 4~5학년 때 일이다.
내 앞 자리에 있던 녀석이 갑자기 이런 노래를 했다. 뭣 때문인지는
몰라도 말싸움을 한 직후였다. "이 ○○가……" 하면서 냅다 녀석의
면상에 주먹을 퍼부었다. 코피가 터졌는지 녀석이 울음을 터뜨렸다.
"조심해. 이 ○○놈아." 다음 날 벽돌공장 사장을 한다나 뭘 한다나
하는 녀석의 아버지가 학교로 찾아왔고, 선생님한테 실컷 얻어터졌
다. 그래도 좋았다. 녀석은 내 앞에선 순한 양처럼 한마디도 못했고,
학년이 오르면서 다시는 보지 않는 사이가 됐다.

　옛날 얘기다. 두메산골에서 도시 대전으로 나왔을 때, 아버지가
할 일은 없었다. 농사꾼으로 평생을 보낸 사람이 도회지에서 일거리

를 찾기란 어려웠다. 구멍가게를 냈고, 한쪽에 좁은 자리를 마련해 연탄장사에 나섰다. 아버지가 리어카를 끌며 연탄배달에 나설 때, 뒤를 밀곤 했다. 난 창피했다. 친구들이 볼까 봐 두려웠다. 리어카를 뒤에서 밀면서 또래 아이들이 보이면 뜨거운 냄비 잡듯 잽싸게 손을 떼며 일부러 멀찌감치 떨어지곤 했다. 속 좋은 아버지는 그런 아들을 이해해주셨나 보다. 평생 그 얘긴 입밖으로 꺼내지 않았다. 그렇게 조심했건만 학교에선 내가 연탄장수 아들이라는 소문이 돌았다. 친한 녀석들만 알고 있던 얘기는 순식간에 반 아이 전체로 퍼졌다. 지금 와서 생각하면 그 어린 아이들에게 무슨 악의가 있었나 싶지만, 당시 유행하던 노래가 있었다. "누구네 아버지는 똥퍼요. 그렇게 잘 풀 수가 없어요. 한 번만 펐다 하면 한 번만 펐다 하면 국물도 안 남기고 싹 퍼요." 아이들은 그렇게 불러 젖혔다.

똥 푸는 사람을 비하하던 노래. 그 노래를 녀석은 연탄장수 아들인 내게 비아냥거리듯 읊은 것이다. 아킬레스건을 건드린 녀석에게 줄 수 있는 것은 당연히 주먹뿐이었다. 지금이야 웃을 수 있지만, 당시의 일은 부끄러운 과거로 남아 있다.

(옛날 일을 떠올리니 한 가지 더 떠오르는 게 있다. 그러고 보면 역시 대통령은 아무나 되는 것은 아닌가 보다. 문재인 대통령 모친이 별세하면서 문 대통령의 '사모곡'이 화제가 된 적이 있다. 문 대통령의 모친도 행상을 하며 연탄배달을 했다고 한다. 문 대통령은 이런 모친에 대해 저서 《운명》에서 "어머니가 끄는 연탄 리어카를 뒤에서 밀면서 자립심을 배웠다"고 밝

했다.

"가난 속에서도 돈을 최고로 여기지 않게 해준 어머니의 가르침은 살아오는 동안 큰 도움이 됐다"고도 했다. 힘든 환경에서 인생교훈을 배운 이런 문 대통령에 비해 아버지 리어카를 뒤에서 미는 게 죽도록 싫었고, 친구들과 마주치면 어쩌나 하는 걱정만 하는 좀생이였던 내 어린시절이 두고두고 후회가 된다.)

어쨌든 우리의 가난한 형편을 알고 있는 녀석, 그집 숟가락이 몇 개인지 알 것 같던 비슷한 형편의 친한 녀석이 우리 아버지가 연탄장수라고 놀렸다면 그렇게까진 화를 내지 않았을 것이다. 벽돌공장 사장 아버지를 두고, 얼굴이 번지르하게 생긴 녀석에게 일종의 콤플렉스를 느꼈었나 보다. 잘사는 녀석이 깔보듯 비아냥거리는 것이 어린 마음에 비수로 다가왔나 보다.

골프장에서도 통하는 진리, 초록은 동색

살아가면서 느끼는 것 중 하나가 사람은 반드시 '끼리끼리' 어울려 살게 된다는 것이다. 유식하게 말하면 유유상종이고, 속담으로 말하면 '초록은 동색'이다.

맞다. 사람은 자신과 결이 맞는 사람과 어울리게끔 돼 있다. 수백 명의 중학교, 고등학교 동창 중 유독 너댓 명이 친한 것은 서로서로의 결이 비슷하다는 것을 알고 있기 때문이다. 벽돌공장 사장 아들은 나랑 처음부터 어울리지 않는다는 것을 본능적으로 알고 있었는지 모를 일이다. 그러니 그 놀림에 유난히 큰 상처를 받고 알 수 없는 반감과 적대감으로 있어선 안 될 폭력적인 행동을 했을 것이다. 그때 일, 정말 부끄럽다.

언젠가 하도 유명하다고 해서, 대단한 상을 받았다고 해서 영화 '기생충'을 봤다. 결론적으로 본 것을 후회했다. 반지하 인생과 궁궐 저택의 상반된 인생 간의 갈등을 교묘하게 비틀고 꼬집은 영화였다는 게 관람 후의 내 느낌이었다. 봉준호 감독의 능력과 철학을 폄하할 생각은 없다. 영화적으로 그는 비범한 인물임에 틀림없다. 영화에 대한 평가가 짠 것은 순전히 내 기호와 관련이 크다. 나이가 들었는지, 원래 그런 사람이었는지 몰라도 머리 복잡한 영화는 싫다. 지구를 지키는 어벤져스의 전투 영화 아니면 연기 잘하는 엄정화가 출연한 '홍반장'과 '미쓰 와이프' 같은 따뜻한 영화, 아니면 이경규 제작의 배꼽을 잡게 만드는 '복면달호' 같은 코미디 영화가 내 스타일이다. 일상의 업무가 매일 이슈 따라가는 일인데, 영화를 보면서도 이 생각 저 생각을 해야 하는 것은 스트레스와 다름없다. 그래서 이념 갈등이나 세대 간 갈등 등 지나친 갈등 구조 탓에 그 진의파악에만 몇 시간 아니 며칠 걸릴 것 같은 영화는 중간에 보는 것을 포기하는 버릇도 생겼다.

그런데도 영화 기생충을 끝까지 본 것은 영화 내내 눈을 뗄 수 없게 만든 흥미로운 소재 하나 때문이었다. 소재는 바로 주인공들 입에서 나온 '냄새'란 단어였다. 반지하 냄새와 상류층 냄새라는 대척점을 만들어낸 감독은 이를 통해 극중 주인공의 우열 구조와 선천적 반감 구조를 자연스럽게 이끌어낸다.

가족에 대한 사랑은 가득하나 무능력한 김기택(송강호 분)이 자신의 밥줄이 된 박 사장(이선균 분)에게 알 수 없는 적의를 느끼게 된 것은 바로 냄새 때문이었다. 박 사장은 기택으로선 '봉'이었고 이용가치가 큰 사람이었지만 어차피 반감의 대상이 될 수밖에 없었다. 가끔 기택을 향해 "냄새가 난다"고 질색하는 박 사장은 태생적으로 기택과 같은 부류가 아니었다. 박 사장 표현대로 "지하철이나 버스를 타면 나는 냄새"를 가진 기택은 뛰어봤자 하층민이기 때문이다.

봉준호 감독은 이렇듯 하류층과 상류층의 계층 간 허물 수 없는 벽을 이 '냄새'로 규정했다. 이 영화적 장치는 매우 훌륭했다. 반지하 냄새가 몸에 찌든 기택 가족은 상류층 냄새가 몸에 밴 박 사장 가족과 본질적으로 다른 것이다. 반지하 냄새는 고급 향수를 뿌린다고 해서 없어지는 냄새가 아니다. 계층 간의 이질적인 냄새, 그것은 운명처럼 타고난 것이기도 하다.

기택이 나중에 박 사장을 해치는 이유 역시 본질적으로 이 냄새 때문인 것으로 감독은 영화화한다. 뭐 꼭 살인까지 극단적으로 몰고갈 필요가 있었는지 의문이 들고, 영화의 설정이 곳곳에 과장

돼 있어 심기는 불편했다. 특히 아버지를 연탄장수로 뒀고, 연탄냄새가 몸에 배이지 않을까 오로지 그게 걱정이었던 내 어린시절 기억을 다시 끄집어내게 해줬다는 점에서 나로선 씁쓸한 영화였음을 고백하지 않을 수 없다. 영화로 계층 간 대립의 본질적 문제를 짚고, 화합과 공생의 물음을 던진 봉 감독의 의도는 충분히 이해했지만 말이다.

물론 영화는 어디까지 영화일 뿐이다. 너무 심각할 필요는 없다. 나와 같지 않은 부류라 해서 적대감을 가질 필요도 없고 또 그래서도 안 될 일이다. 하지만 살다 보면 '나와 다른 부류'로 여겨지는 이를 만날 일이 생길 수밖에 없고, 그러다 보면 조금 불편한 경험을 하게 마련이다. 만나고 싶은 사람만 만나고, 그들과 어울려 하고 싶은 일만 할 수 있는 인생사가 어디 있겠는가. 자신과는 좀 다른 색을 가진, 자신이 좀 이해하기 힘든 이들과도 더불어 살아가야 하는 게 인생인 법이다.

필드 위의 불편함, 그걸 극복하는 방법

필드 위에선 이런 '불편함'이 수시로 일어난다. 가급적 편한 사람으로 네 명을 구성하지만, 어쩌다 보면 맞지 않는 사람과 플레이를 해야 하는 경우가 생긴다. 좋은 이들과 18홀을 돌다 보면 시간이 흐르는 게 아쉬울 때가 많지만, 한 사람이라도 싫어하는 사람이 끼면 빨리 홀아웃하고 집으로 가고 싶은 게 사람 심리다.

"친한 사람과 어울리는 데도 시간이 모자란 게 인생입니다. 왜 마음이 맞지 않은 사람, 왠지 거북한 사람과 다섯 시간 동안 골프를 쳐야 하나요?" 이런 말을 하면서 좋은 사람과 만나 즐거운 플레이를 하는 게 골프라고 주장하는 지인들이 꽤 있는 것을 보면 대개 '동색'과 어울리는 것을 좋아하는 것은 사실인 것 같다.

그렇지만 '유유상종 골프'만 있는 게 아닌 것이 필드 인생이다. 그때가 그랬다. 오래된 얘기다. 상사와 골프를 치게 됐는데, 별로 좋아하지 않는 이였다. 권위적인 스타일이었다. 그래도 상사니까 예의에 어긋나지 않도록 각별히 신경 썼다. 상사의 샷이 벙커에 들어갔다. 공 바로 앞에 높은 턱이 버티고 있어 잘못하면 다칠 수 있겠다 싶었다. 재빨리 달려가 공을 벙커 뒤로 빼줬다. "아, 빼주려면 페어웨이 좋은 곳에 빼줘야지." 그의 말은 그랬다.

비매너에 실망했지만 그 표정을 노출할 순 없었다. "아, 그래요?"라며 페어웨이에 공을 놓아주었다. 그런데 거기서 미스샷이 나와 공은 오른쪽 숲속으로 들어갔다. OB였다. 민망했다. 어떻게 해야 할지 판단이 서지 않았다. 놀라운 말은 다음에 나왔다. 그는 "아까 그냥 벙커에서 칠걸 그랬다. 그냥 벙커에서 칠게." 그러더니 벙커 중앙에 공을 놓고 샷을 날리는 게 아닌가. '어안이 벙벙하다'는 말은 이럴 때 쓰는 것일 게다. 내가 아는 골프상식, 골프매너를 파괴한 그의 행동 앞에 난 무너졌다. 다음 홀, 그 다음 홀 잘 치고 못 치고는 의미가 없어졌다. 그와의 골프 기회가 우연이라도 생길 것 같으면 한사코 피했음은 물론이다.

지금은 아니지만, 한때 권력이 대단했던 사람과 골프를 친 적이 있다. 클럽하우스에서 식사할 때였다. 여직원이 서비스를 하러 들어왔다가 "반갑습니다. 뵙고 싶은 분이었는데"라고 인사를 건넨다. 그 말에 기분이 좋았나 보다. 갑자기 만 원짜리 지폐 한 장을 꺼낸다. 검정 사인펜도 집어든다. 뭐 하시려고 그러지? 그런 생각이 들었다. 그가 갑자기 지폐에 사인을 하는 게 아닌가. 그러더니 아주 만족한다는 듯이 돈을 여직원에게 주는 것이다. 팁이라며. 당황한 사람이 나만은 아니었다. 그곳에 있던 다른 사람들도 황당하다는 표정이었다. 아, 세상엔 별의별 사람이 다 있구나. 그렇게들 여긴 것 같다. 그날 플레이? 전혀 즐겁지 않았다.

호주에 갔을 때다. 내로라하는 골프장은 아니지만 풍경이 제법 정갈한 곳에 간 적이 있다. 동료들과 함께였다. 장타자로 이름난 동료 한 명이 드라이버샷을 날렸다. 정말 잘 맞긴 했는데, 왼쪽 언덕 위로 넘어가는 것 같았다. 한눈에 봐도 OB였다. 세 명은 세컨드샷을 했고, 그는 OB티샷을 준비하는 것 같았다. 그런데 그가 앞쪽에서 "어, 공 살았다"라며 공을 날렸다. 언덕 맞고 공이 내려왔나 보네, 다행이네, 라고 생각했다. 사건은 바로 직후에 일어났다. 언덕 위에서 헐레벌떡 외국인 한 명이 내려오는 것이 아닌가. 손짓 발짓을 하는 그에게서 알아들은 말은 자기가 친 공이 여기로 굴러왔고, 공이 안 보인다며 혹시 봤느냐는 것이었다. 확연하게 그림이 그려진다. 공이 살았다며 동료가 친 그 공은 바로 그 외국인의 것이었던 것이다.

그날 반대쪽 홀에선 공식대회가 열렸다. 프로대회는 아니지만 아마추어로서는 의미 있는 대회가 열린다고 미리 얘기 들은 터였다. 그렇다고 당신 공이 여기로 넘어왔었고, 그 공을 우리 동료 중 한 명이 쳤다고 말할 수는 없었다. 공을 찾다찾다 포기하고 돌아가는 그의 표정은 거의 울기 직전이었다. 그로선 정말 중요한 대회였나 보다. 언덕 밑으로 내려온 그 공을 그 자리에서 칠 수 있는지, 아니면 공을 확인하면 최소한의 벌타만 받는지 그 룰은 잘 모르겠다. 하지만 분명한 것은 로스트볼이라 그가 감수해야 할 벌타가 더 늘었다는 점이다. 우린 헛기침을 하고 그 홀을 빠져나갈 수밖에 없었고, 그 동료 역시 표정이 밝지 않았다. 그 일에 대해서라면 여태 아무도 입밖으로 꺼내지 않았다. 다만 그 이후 그 멤버대로 운동한 적은 없다.

이런 얘기를 하니 내가 꼭 페어플레이 스포츠맨 자격증이라도 갖춘 사람이라도 된 것 같은데, 그렇지 않다. 나 역시 초보자 때 페어하지 않은 플레이를 한 적이 있다. 다른 사람이 봤다면 꼴불견이었을 것이다.

비기너 때다. 곤지암CC는 그림 같은 경치, 넓고도 반듯한 녹색 페어웨이로 유명하지만 파5홀 하나가 나로선 까다로웠다. 숲은 아니지만 왼쪽에 소나무 밀집 지역이 있다. 그때 동기 하나와 돈내기를 하고 있었다. 돈 액수야 타당 1000원으로 크지 않았지만, 동기 특유의 경쟁심이 한창 발동할 때였다. 2구를 쳤는데 잘못 맞았다. 걱정하던 대로 소나무 지역으로 갔다. 그 지역은 OB나 해저드는 아니었다. 레이아웃 하면 되는 곳이었다. 동기 녀석의 2구 샷이 비교적 잘 간 것을 확인했기에 조바심이 생겼다. 3구째 소나무를 넘기려 했다.

욕심이었다. 소나무에 맞은 공은 더 안쪽으로 튕겨져 들어갔다. 거기서 친 공이 나무에 맞았고, 겨우겨우 다음 샷에 페어웨이로 나올 수 있었다. 결국 7구 만에 온그린을 했다. 투퍼트를 했으니 9구 만에 마무리한 것이다. 4타를 오버했으니 쿼드러플 보기(+4)였다. 동기 녀석은 어프로치가 좋지 않았는지 더블보기(+2)를 했단다. 그때 왜 그랬는지 모르겠다. 결코 지고 싶지 않아서 그랬는지, 아니면 스스로 생각해도 너무 한심해서 그랬는지 몰라도 내 입에선 툭 "나도 더블보기야"란 말이 나왔다. 속으로 뜨끔한 채 말이다. 녀석이 내가 소나무 지역에서 두세 번 헤맨 걸 알았는지 몰랐는지는 모르겠다. "그려?" 하고 그 홀은 끝났다. 집으로 돌아오는 길, 얼마나 부끄러웠는지……. '알까기' 해서 망신당했다는 남 얘기를 숱하게 들었건만, 왜 내가 알까기 이상의 속임수를 썼는지 스스로 너무 창피했다.

한동안 정말 반성을 많이 했다. 녀석은 속임수를 알고 있었는지도 모를 일이다. 그러면서 '같이 놀 부류가 못된다'고 판단했을지 알 수 없는 일이다. 그 일을 언젠가 한번 털어놓고 사과해야겠다고 생각했지만, 기회가 없었다. 통 만날 여건이 안 되었기 때문이다. 책을 통해 그때의 부끄러운 일을 정식으로 사과하고 싶다.

박근혜 전 대통령과의 대화, 그러나……

2007년으로 기억한다. 한나라당 대선 경선에서 이명박 후보와 박근혜 후보가 맞붙었다. 당시 분위기상 둘 중의 승자가 대선 후보가 되고, 그러면 대통령은 떼어 놓은 당상이라는 평가가 지배적이었다. 여당 후보는 상대적으로 약했다. 당시 '박근혜 캠프'에서 일하던 이정현 대변인(현재 국회의원, 무소속)으로부터 전화가 왔다. 국회 출입 기자로 일할 때였다. 이 대변인은 캠프에서 후보의 '입'이자, 비서실장 역할까지 하던 최측근이었다. "김 반장. 뭐하셔? 우리 후보님이 뵙자고 하시는데 오시지 그래?" 당장 달려갔다. 뭔가 기사거리를 얻어볼 요량이었다. 이 대변인 안내로 사무실 안으로 들어갔더니 박근혜 후보(전 대통령, 당시 만남을 기준으로 썼기에 이하 후보로 통일)가 앉아 있다. 한손은 붕대를 감았기에 다른 손을 내민다. 악수를 나눴다.

이 대변인은 잠깐 자리를 비켜준다.

"고생 많으십니다. 후보님. 정책 준비에 바쁘시겠어요."

"네."

"건강 좋으신 거죠?"

"네."

"……."

후보의 단답형 대답에 다음 말이 잘 이어지지 않는다. 사실 경선을 앞두고 그곳에만 '올인'하고 있는 박 캠프 쪽에서 먼저 보자고 했기에, "잘 부탁한다" 정도의 말은 먼저 꺼낼 줄 알았다. 아니면 말을 돌리더라도 이것저것 경선 관련 분위기나 전망 등을 화제로 꺼낼 줄 알았다. 하다못해 아이가 몇이냐, 기자생활 몇 년 했냐, 힘들지 않느냐 이런 얘기라도 나올 줄 알았다. 그런데 사람을 불러놓고 후보가 질문은 않고 짧은 답으로만 나오니 꽤 당황스럽다. 기분 나쁘다는 것과는 차원이 달랐다. "이분, 얘기 듣던 대로 참 귀하게 자랐나 보구나. 숫기가 전혀 없구나" 하는 그런 느낌이 강했다.

어찌 보면 내 불찰이었다. 이런 시나리오를 가정하고 충분한 질문 또는 후보가 관심을 가질 만한 화제 정도는 미리 준비했어야 했다. 박 후보가 기존 정치인과는 조금 다른 독특한 스타일이라는 것을 감안, 별도의 공부 정도는 했어야 했다. 되돌아보면 그때 나도 참 융통성이 부족했다. 아무튼 당시 경선 방식은 '오픈 프라이머리'였고, 두 후보 진영 간 이를 둘러싼 잡음이 최대 이슈였다. 이를 화제로 삼았다.

"오픈 프라이머리에 대한 여러 가지 말이 많은데, 어떻게 잘 준비하고 계신가요?"

"네. 잘해야죠."

"……."

"……."

등 뒤로 식은 땀이 흘렀고, 그렇게 어색한 시간은 계속 흘러갔다. 수 분이 지난 후 이 대변인이 들어왔고, "김 반장 됐지? 말씀 잘 나누었지? 후보님 바쁘시니까 이걸로……" 하면서 갈 길을 재촉한다. 캠프 사무실을 나올 때 이런 생각이 들었다. "오늘 일, 웬만하면 잊히지 않겠구나."

비슷한 기억은 또 있다. 성공신화로 유명한 모 기업 회장을 개인적으로 만난 적이 있는데, 위의 경우와 반대였다. 너무 말이 많았다. 그런데 자기 얘기만 했다. 본인과 회사 자랑이 대부분이었다. 심지어 아끼는 물건과 본인이 직접 해외까지 가서 구입했다는 책 자랑으로 일관했다. 나에 대한 질문은 하나도 없었다. 당신은 어떤 사람인지, 어떤 것에 관심이 있는지, 아이는 몇이고, 육아는 잘되는지 등등 사람 사는 얘기는 하나도 꺼내지 않았다. 그렇다고 정색을 할 순 없었다. 그냥 나와는 다른 사람이구나, 별천지에 사는 사람이구나하는 생각이 들었다.

박 후보와 대기업 회장과의 만남. 이걸 떠올린 것은 그들을 비난하려는 게 아니다. 당시는 좀 불만스러웠지만 훗날 생각해보니 서로 '공감코드'가 없는 상태에서의 만남은 어차피 공허하고 의미가 없었다는 것을 얘기하고 싶었다. 박 후보는 나중에 서너 차례 더 만날 기회가 있었고, 그 기업 회장도 한두 차례 더 조우하면서 분위기는 전보다는 나아졌지만 소통다운 소통은 하지 못했다. 처음엔 '나와 격이 다른 부류'에 대한 이질감으로 기억됐다. 하지만 훗날 곰곰이 되돌아보니 내가 모자란 탓이 컸다. 그들과 소통하기엔 깜냥이 미흡했다. 처음부터 박 후보를, 그 기업 회장을 나와는 거리가 먼 사람이라고 판단했고, 그 선입견이 그런 결과를 만들어낸 것이다.

박 후보를 만날 때 좀 더 공부하고 살가운 대화를 준비했더라면, 기업 회장을 만날 때 그의 대화 눈높이에 맞출 소재를 개발해 들고 갔더라면 상황은 달라졌을지 모를 일이다. 그때의 난 가슴이 작은 사람이었다. 그 기억은 좋은 교훈이 됐다. 부류가 다르다고 느껴지는 사람들과의 소통 직전엔 늘 내 '그릇의 크기'를 가늠하는 버릇이 생겼다. 그건 골프장에서도 마찬가지였다.

피할 수 없는 운명, 골프장과의 궁합

골프를 치면 이런 사람, 저런 사람 다 있다. 천태만상이다.

영화 어벤져스의 슈퍼 히어로들이 골프를 친다고 가정해보자. 괴력의 헐크는 500~600야드의 파5홀에서도 원온할 것이다. 그러면 수다쟁이인 아이언맨은 게임 자체가 불공평하다고 계속 투덜댈 것이다. 어쩌면 천둥의 신 토르는 불리함을 의식하곤 번개를 쳐 "오늘은 접읍시다"라며 집에 가자고 할 것이다. 후덕한 캡틴 아메리카는 그러면 "다 잊고 저녁 맛있게 먹읍시다"라고 동반자들을 토닥일 것이다.

영화 속 캐릭터에 기반해 상상해본 것이지만, 완전 허구는 아니다. 필드에선 이같은 온갖 종류의 스타일을 가진 동반자를 만난다. 그만큼 별의별 골퍼가 다 있다. 정통 룰을 목숨같이 지키는 이가 있는 반면 트릭과 반칙을 일삼는 이도 있다. 그렇다고 룰을 정확히 지키는 이를 칭찬하고, 속임수를 쓰는 이에겐 가차없는 충고와 조언을 던져야 할까. 그건 아니다. 진심 어린 충고라 해도 필드에서 그 말을 들으면 기분 좋을 사람은 없다. 다른 사람들이 있는 곳에서 조언이랍시고 잘못 말했다간 평생 원수가 되기 십상이다. 시시비비를 가리는 '명판관 포청천'은 드라마 속에서나 인기가 있는 것이다. 포청천이 필드에 나서면 분명 '공공의 적'이 될 가능성이 크다. 필드에선 옳고 그름을 정확히 나누는 사람은 필요없다. 괜히 분란만 부추긴다.

가장 좋은 것은 본인이 좋은 매너와 깔끔한 스포츠맨십을 보여주는 것이다. 트릭이나 속임수를 쓰는 상대방을 실력이나 정신력 측면에서 압도하면서 공정플레이의 가치를 직접 눈으로 보여주는 게 가장 깔끔한 방식이다. 이는 골프에 대한 자신의 '그릇'을 키우지 않으면 할 수 없는 일이다. 어딘지 모르게 껄끄러운 이들과 필드에서 어쩔 수 없이 어울려야 할 때 활용해야 할 골프 자세라고 할 수 있겠다. 사실 그 옛날 박 후보 때도 그렇고, 기업 회장 때도 그랬다. 그들과 만나기 전에 내 그릇의 크기를 먼저 키웠어야 했다. 서운해할 필요가 없었다. 내 탓으로 돌리면 됐다. 나도 사람인 이상, 조금은 거북한 이들과 골프를 치면서 뒤늦게 얻은 깨달음이다.

하긴, 사람만 유유상종이 있으랴. 이는 골프장에도 해당된다. 유난히 자신과 궁합이 맞는 골프장이 있고, 이상하게 잘 안 풀리는 골프장이 있다. 골프장을 매번 직접 고를 수 있는 이들이야 전자의 골프장에 가면 되니 걱정 없겠지만, 어쩔 수 없이 자신에게 어렵게 느껴지는 곳으로 갈 수밖에 없는 이들에겐 골프 장소가 신경이 쓰이지 않을 수 없다.

개인적인 궁합을 따지자면, 인천그랜드CC는 내가 가장 선호하는 골프장 중 하나다. 라베(라이프베스트, 생애 최저타)를 기록한 곳이니 여기만 떠올리면 아직도 가슴 설렌다. 18홀 내내 걸어다니는 게 부담이 없기에 땀을 적당히 흘리는 힐링 장소로도 최적이다. 그날은 안개가 자욱했다. 못 칠 정도는 아니었지만 시야는 아무래도 방해가 됐다. 캐디는 그냥 공만 보라고 했다. 캐디가 시키는 대로 했다.

가보면 공은 온그린 돼 있거나 홀컵 옆에 붙어 있었다. 그날 정말로 '그 분'이 오셨었나 보다. 이후 그곳만 가면 플레이가 잘된다.

경기도 기흥 88컨트리클럽, 남양주 해비치CC, 고양 뉴코리아CC, 포천 필로스GC도 좋아하는 골프장이다. 여주 소재의 몇몇 퍼블릭도 가성비가 뛰어나 즐겨 찾는 곳이다. 아내와 함께하곤 했던 이천 뉴스프링빌 퍼블릭 또한 잊을 수 없는 곳이다.

아, 골프장 홍보는 절대 아니다. 본인에 어울리는 옷이 있듯이 '어울리는 골프장'은 따로 있다는 것을 강조하려고 실명을 썼다. 궁합에 맞는 골프장을 찾으라. 그 리스트를 만들어 한 바퀴 도는 것은 매우 즐거운 일일 것이다. 물론 출중한 실력으로 그릇의 깊이를 헤아릴 수 없을 만큼 무한 확장해온 골퍼에겐 골프장과의 궁합 따위는 문제될 게 없을 테지만 말이다.

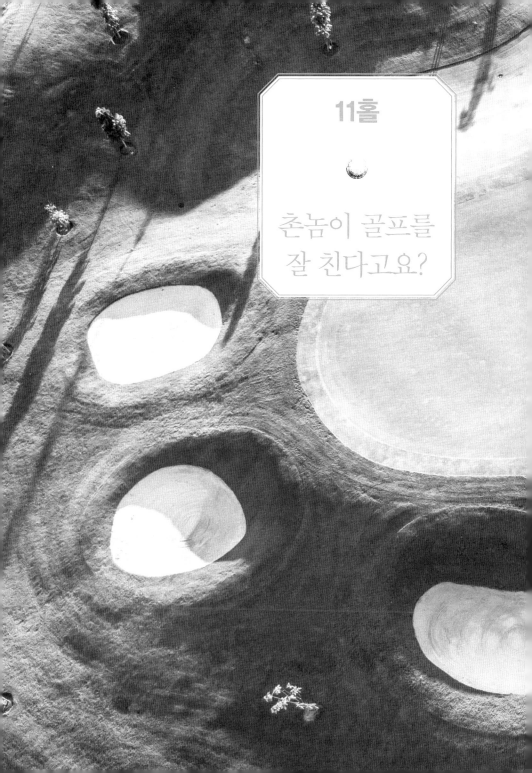

11홀

춘놈이 골프를
잘 친다고요?

초등학교 4학년 2학기 때다. 전라
도 진안의 두메산골 촌놈인 나는 대전 변두리로 이사했다. 당연히
학교도 그곳으로 전학했다. 전학 다음 날이었을 게다. 당시 대전은
전국체전을 앞두고 있었고 학교에선 육상부다, 축구부다, 운동부가
생겼다. 씨름부도 그때 만들어졌다.

교단 위에 오른 선생님은 어느 날 "우리 반에서 누가 씨름 잘하
지?"라고 했다. 잠시 침묵이 흐른 뒤 어떤 아이가 "영상이요"라고
했다. 전학 온 지 며칠도 안 된 아이가 씨름을 잘하는지 누가 알겠는
가. 아마 촌놈이니까 힘이 세고 씨름을 잘할 것이라 생각했나 보다.
그래서 씨름선수가 됐다. 당시 다니던 가양초등학교 앞에는 냇물이
흘렀다. 냇가 근처엔 모래가 수북히 쌓였고 휘날렸다. 거기서 연습

을 많이 했다. 어느날 6학년 형과 씨름 연습을 했는데, 샅바를 잡는 힘이 보통이 아니었다. 밭다리 걸기를 시도하다 힘이 모자라 거꾸로 당했고, 그대로 넘어지면서 그 형 체중을 몸으로 받았다. 어깨에 금이 갔고, 그 뒤론 씨름을 그만뒀다. 키도 작고 힘도 없었기에 지금도 씨름을 포기한 것은 잘했다고 생각하지만, 때론 이런 생각도 든다. 그때 어깨 금이 안 갔으면 이만기, 강호동 못잖은 씨름 선수가 됐을지 누가 알겠는가. 그냥 좋은 상상으로 여기련다.

"촌놈이 골프를 잘하는 것 아니겠어요?"

어느 날 필드에서 나온 얘기다. 서로 고향을 물어보다 보니 그 분도 촌 출신이란다. 그가 내놓은 '촌놈 유망론'은 다음과 같다. "최경주 보세요. 완도 촌놈이예요. 양용은요? 제주도 촌놈입니다. 촌놈 아니면 우리 골프가 세계적으로 그렇게 발전했겠어요?"

그러고 보니 일리는 있다. 태극낭자는 여자 프로골퍼 박세리를 비롯해 신지애를 거쳐 박인비, 김세영, 박성현, 최혜진까지 그 위력적인 명맥을 이어왔다. 그런데? 남자 프로골퍼는 따지고 보면 최경주, 양용은 시대를 거쳐 그다지 우리가 인정할 만한 전성시대가 없다. 배상문 프로, 안병훈 프로, 김시우 프로가 있지만 세계의 안정적인 톱랭커라고 하기엔 아직 1퍼센트가 모자라 보인다. 그래서 그는 남자프로 시대를 개막한 최경주, 양용은 예찬론을 앞세워 그렇게 얘기했나 보다.

"촌놈은 일단 끈기가 있잖아요. 최경주 보세요. 별명이 탱크 아닙니까. 저돌적이죠. 얼굴 보세요. 시커멓게 탄 얼굴, 얼마나 땀나게 노력했으면 그리 됐겠어요?"

완도 촌놈, 최경주의 파노라마 골프 인생

사실 맞다. 최경주 프로는 일생을 악착같이 달려왔다. 최경주 프로에 대해 나름대로 공부를 했는데, 그의 골프계 입문은 그야말로 운명의 장난이 무엇인지 여실히 보여준다. 완도 촌놈인 최경주, 그가 1988년 완도 수산고등학교 1학년 때 일이다. 체육선생님은 "역도 해본 놈 나와"라고 했다. 중학교 때 역도를 했던 최경주는 얼떨결에 앞으로 나갔다. 두 줄이 만들어졌다.

한 줄은 역도부고, 다른 한 줄은 골프부였다. 수산고에 운동부가 생긴 것은 당시 시골 인구수가 줄던 것과 관련이 크다. 모두 도시로, 도시로 빠져나가다 보니 학생 수는 줄었고, 폐교가 되지 않고 지원금을 받을 수 있는 길은 운동부를 만드는 것뿐이었다. 그래서 학교는 기존 역도부 외에 골프부를 만들었던 것이다. 암튼 최경주는 역도부 줄에 섰는데, 체육선생님이 "어, 넌 저쪽 줄로 가서 서"라고 했다. 졸지에 골프부 줄에 선 것이다.

최경주의 골프 인생은 이렇게 시작됐다. 참, 세상 모를 일이다. 그때 선생님의 한마디, 저 줄로 가라는 한마디가 아니었으면 오늘날

'탱크' 최경주는 보지 못했을 것이다. 어찌됐든 최경주는 고등학교 1학년 때 골프채를 처음 잡았다. 진짜 재미 있어 죽어라고 공을 때렸다. 지금 생각하면 고등학교 1학년이 골프를 시작한다는 것은 매우 위험한 도박이다. 현재 기준대로라면 늦어도 한참 늦었다. 초등학교, 아무리 늦어도 중학생 때부터 골프를 시작해야 프로로서 성공할 수 있다는 게 정설이다. 뭐, 옛날이었으니 가능했던 스토리였을 것이다. 아무튼 최경주의 골프 인생 스토리를 따라가다 보면 신이 예정한 운명을 따르는 게 인생임을 느낀다. 아무리 발버둥쳐도, 아무리 크게 소리치며 저항해도 신이 정한 삶의 코스를 벗어날 수는 없는 것 같다.

양용은 프로도 이에 못잖은 눈물 나는 스토리를 가지고 있다. 메이저대회에서 타이거 우즈를 잡은 유일한 아시아 선수로 각인된 양용은은 제주에서 태어났다. 고등학교를 졸업한 후 생활비를 벌기 위해 골프연습장에서 공을 줍는 아르바이트를 했다. 아버지는 이런 아들이 못마땅했다. "골프는 무슨 골프야. 부자들이나 하는 것이지"라며 농사나 같이 짓자고 했다. 아버지로선 골프채를 잡는 양용은이 허황된 꿈을 꾸는 것으로 보였을 것이다.

아버지 뜻대로 하긴 했지만 골프가 눈에 아른거렸다. 하우스용 파이프를 골프채로 여기고 밤마다 휘둘렀다. 한 번 마음 간 것에는 두고두고 마음이 떠나지 않는 게 인생이다. 죽어라고 독학한 끝에 프로테스트에 '턱걸이 통과'를 했고, 피눈물 나는 고생 끝에 오늘날의 양용은이 됐다. 굵직한 대회에서 눈에 띄는 성과를 낸 대한민국 대표 프로골퍼로 우뚝 선 것이다. 제주 출신인 그를 두고 사람들은 '바람의 아들'이라고 했다. 메이저대회에서 3라운드까지 선두질주를 하면 '역전 불허'라는 공식을 갖고 있던 타이거 우즈의 추격 의지를 바람을 다스리는 듯한 하이브리드샷 한 방으로 꺾은 후 더욱 이런 별명은 널리 퍼졌다.

갑자기 주52시간 근무제 화두를 던져본다. 개인적으로 주52시간제를 반대한다. 아니, 반대한다기보다는 아직 이르다는 것이다. 물론 인간의 근원적 가치 제고와 삶의 질을 높이자는 데 이견은 없다. 그럼에도 주52시간제를 반대하는 내 논리는 이렇다. 인간은 근본적으로 욕심을 덕지덕지 손에 쥐고 태어난다. 그 욕심이 탐욕이 아닌 이상, 정당한 노력에 의해 욕망의 결과물을 성취할 수 있는 사회가 좋은 사회다.

가진 것이 많은 사람, 원래 부잣집에서 태어난 사람은 굳이 결과물을 더 얻으려 노력하지 않아도 될 것이다. 그래도 편하게 살 수 있기 때문이다. 주52시간제를 한들 안 한들 그들에겐 관심사가 아닐 것이다. 하지만 가난하게 태어난 사람, 상대적으로 가방끈이 짧은 사람, 갈 길이 먼 사회 초년병 등 아직 배고프고 앞으로 가질 기회를 원하는 이들에게 주52시간제는 사치일 수 있다.

밤낮 없이 열정을 불태우고, 퇴근시간과 상관없이 개인 발전을 위해 씨름하고, 남 잠잘 때 눈에 불을 켜고 연구하고 공부해야 하는 사람들은 우리 주변에 많고도 많다. 세간에서 인정하는 성공과 훗날의 안정된 삶을 위해 젊은 날의 '밤샘'에 주저하지 않아야 할 이들이 적지 않은 것이다.

워라밸? 그렇다면 양용은은 없었다

그런데? 일정 시간이 되면 컴퓨터를 끄고, 불을 끄란다. 사무실에 퇴근 후엔 아무도 남아선 안 된단다. 아, 일하고 싶은 데 일을 하지 말라니……. 집에 가서 외식하고 주말에 놀이공원 가는 것보다 현재 일을 더하고 월급 한 푼을 더 버는 게 시급한데, 다들 일률적으로 퇴근하라니……. '계층의 사다리'를 위쪽으로 이동시키는 게 꿈인데 그것을 달성할 유일한 루트(route)를 봉쇄한다니……. 뭔가를 꿈꾸는 인생들로선 답답하지 않을 수 없는 노릇이다.

워라밸(워크 앤드 라이프 밸런스, work and life balance)? 좋다. 하지만 죽어라고 일해야 할 때, 몸을 불살라서라도 돈을 더 많이 벌고 가족을 부양해야 할 때, 좀 더 나은 삶을 위해 일분일초를 숨가쁘게 뛰어야 할 때, 그냥 '일과 삶의 균형을 취하라'고 한다. 도대체 일과 삶의 균형이라는 말은 무엇일까. 분명 그 의도가 하향평준화는 아닐 텐데 말이다.

이 정책 입안자들에게 하고 싶은 말은 하나다. "가질 것 다 가진 당신들은 이제 워라밸을 찾으면 되지만, 당장의 워라밸이 아닌 훗날의 더 나은 워라밸을 위해 지금은 전력질주해야 하는 사람들이 있다는 것을 기억하시라." 이런 사람들을 위해 주52시간근무제는 일률적이 아닌, 탄력적인 적용과 운영이 맞다고 본다. 노동강도를 완화해야 할 곳은 주52시간제를 유도하되, 밤을 새워서라도 창의력과 열정으로 승부해야 하는 곳은 이 제도에서 제외시켜줘야 할 것이다.

세상 모든 근로자에게 주52시간제를 싸잡아 적용하는 것은 우둔한 일이다. 개인은 물론 기업 발전을 가로막고 결국 국가경쟁력 저하로 이어질 것으로 본다. 그렇잖아도 '사시 폐지' 등으로 '개천에서 용 나는 세상'이 바늘구멍처럼 좁아진 마당에 '작은 용'이라도 되려고 씨름해야 할 이들에게 정확한 시간만 되면 책상을 치우고 집으로 가서 일과 삶의 균형을 맞추라고 강제하는 것은 어불성설이다. 주52시간제와 관련한 정책부처에서 이런 허점을 뒤늦게 인식하고 보완하려는 움직임을 보인다니 다행스럽긴 하다. 하지만 중소기업 쪽의 유예 같은 정책보다는 좀 더 근본적인 성찰과 함께 업종별 탄력성 부여 등의 실효성 있는 대책이 바람직해 보인다. 물론 누구나 인정하는 선진국에 도달할 때까지는 도입을 중단하면 더 좋겠지만 말이다.

주52시간제 얘길 왜 꺼냈을까. 주52시간제 같은 사회에서 최경주나 양용은 프로가 나올 수 있었을까. 아니라고 본다. 조금 과장을 섞어보자. 골프장 볼보이인 그에게 퇴근 시간이 됐으니 그냥 집에 가서 쉬라고 강제했다면, 그리하여 밤새도록 공을 치고 또 치던 불면의 밤이 없었다면 오늘날 양용은이 있었을까. 밑바닥을 탈출하려고 목숨 걸고 달빛 아래서 손바닥에 피가 나도록 공을 때리던 한 젊은이의 눈물 나는 인생을 지금의 주52시간제는 절대로 알 수 없을 것이다.

사실 촌놈이 골프에 유달리 강하다는 것은 과학적으로 맞지 않는 논리일 것이다. 어쩌면 대도시에서 어린 시절부터 체계적인 훈련과 선진 코칭시스템으로 연습한 이가 프로로서 성공할 확률이 더 높을 것이다. 아마 촌놈이 골프를 잘 친다는 소리를 하는 것은 그 특유의 인내와 끈기 때문일 것이다. 골프는 1라운드 한 번이 아닌 4라운드까지의 기나긴 여정과 엄청난 체력을 요하는 승부 게임이다. 고통을 참고 불굴의 의지와 끈기로 기다리고 또 기다리는 '버티기 게임'이다. 버티는 것에 촌놈 따를 자가 어디 있겠는가. '참을 인(忍)'자 하나는 아예 등에 업고 태어난 이들인데.

마루치 아라치에서 건지는 시사점

"달려라 마루치

날아라 아라치

마루치 아라치 마루치 아라치 얍

태권동자 마루치 정의의 주먹에

파란해골 13호 납작코가 되었네"

이 노래를 기억하는가. 1970년대 초 라디오 연속극 '태권동자 마루치'에 나왔던 노래다. 사실 그것에 대한 기억은 가물가물하다. 오후 5시인가, 5시 40분인가 그중 하나였을 것이다. 학교를 파하면 촌놈들은 집으로 곧장 가지 않았다. 동네 입구 다리에서 누가 높이 뛰나 경쟁했고, 냇가 웅덩이 깊은 곳에서 수영했다. 배고팠지만 집에 가지 않았다. 수박이며 참외며 때론 강냉이를 서리하며 주린 배를 채웠다. 집에 가봤자 먹을 게 없으니 밖에서 이것저것 훔쳐 먹는 게 더 좋았다.

그런데 오후 5시가 가까워지면 달랐다. '마루치' 할 시간이 되면 모두들 부리나케 집으로 뛰어들어 갔다. 라디오 앞에 온 가족이 집결했다. 태권동자 마루치가 어떻게 파란해골 13호를 물리치는지 궁금했으니까. 다음 날 학교에선 온통 마루치 얘기뿐이었다. 다들 알고 있는 얘기지만, 말재주가 있는 녀석 앞으로 모여 그가 재구성한 마루치와 파란해골 13호 목소리 흉내에 깔깔거리며 웃었다. 어떤 녀석은 마루치 동작을 따라 하다 교실 바닥에 미끄러져 코뼈가 부러졌다.

'마루치'에 관한 기억은 대부분은 잊어버렸는데, 한 가지 잊히지 않는 게 있다. 밖에서 놀다가도 라디오 방송 시간이 되면 정신없이 집을 향해 달려가던 일. 그 시골에 시계란 것이 전혀 없었는데 어떻게 기가 막히게 그 시간을 맞췄는지는 지금도 미스터리다. 촌놈, 그래서 골프장 가는 시간은 벽시계처럼 정확히 맞추나 보다. 그 많은 필드 약속에서 늦은 적은 거의 없다. 시간에 관한 한 '칼' 같던 옛기억이 몸에 아직까지 남아 있나 보다.

초등학교 시절 얘기가 나왔으니 하나 더 하자. 두메산골에는 눈이 참으로 많이 왔다. 허리까지 푹푹 쌓일 정도로 눈이 많이 내렸다. 그런 날이면 학교에 가지 않아도 됐다. 폭설이 온 날, 마을 이장이 동네 방송을 통해 학교 안 가도 된다는 말을 몇 번이고 반복할 때 아이들은 좋아라 환호했다. 눈이 어느 정도 녹을 때쯤, 선생님들은 교실 대신 우리를 동산으로 이끌었다. 학교 뒤에 작은 동산이 있었는데, 산토끼가 많이 살고 있었다. 동산 밑에 모인 100여 명의 학생들은 손에 손을 잡고 에워싸며 동산을 오르기 시작한다. 손에는 장작을 하나씩 들었다.

선생님이 어느 시점에 구호를 외치면 전교생은 "와" 하며 큰소리를 외치고 산 위쪽으로 일제히 달려간다. 거대한 함성에 놀라 여기 저기 귀를 쫑긋 세운 토끼들이 한 마리 두 마리 보이기 시작하고, 놈들을 향해 달려들면 산 위쪽으로 꽁지 빼며 도망친다. 토끼는 앞다리가 짧아 위로 올라가는 것에만 익숙한 동물이다. 당연히 당황한 토끼는 위, 위로만 계속 달릴 뿐이다. 결국 산 정상 근처에서 더 이상 갈 데를 못 찾다가 힘 좀 쓴다는 고학년 아이들의 장작에 정통으로 얻어맞는 토끼, 그 피가 하얀 눈 위에 튀고……. 이후는 생략이다. 정확히 기억은 나지 않지만, 그렇게 학생을 동원해 열 마리 정도의 토끼를 잡은 것 같다. 일부는 마을 어른들이, 일부는 선생님들이 사택에 모여 토끼탕과 함께 소주 한 잔 하는 용도로 쓰였을 것이다.

그러고 보면 동에 나타났다 서에 나타났다 하는 홍길동까지는 아니어도, 이 땅의 수많은 촌놈들이 작은 동산쯤 한달음에 오르내렸을 체력은 늘 갈고닦아 왔기에 골프에 유리할 수는 있겠다 싶다. 촌놈이 누구인가. 어깨에 책보를 두른 채 신작로를 휭하니 가로지르며 오 리, 십 리 밖에 있는 학교까지 줄달음치던 이들이 아닌가. 최경주, 양용은이라고 달랐겠는가. 가진 것은 몸(체력) 하나뿐인 그들이 뿌렸을 엄청난 양의 땀방울과 피눈물, 그게 바로 두 사람의 성공 비결이었을 것이다. 촌놈과 골프, 그러고 보니 최상급은 아니어도 '중급의 궁합'은 될 듯 싶다.

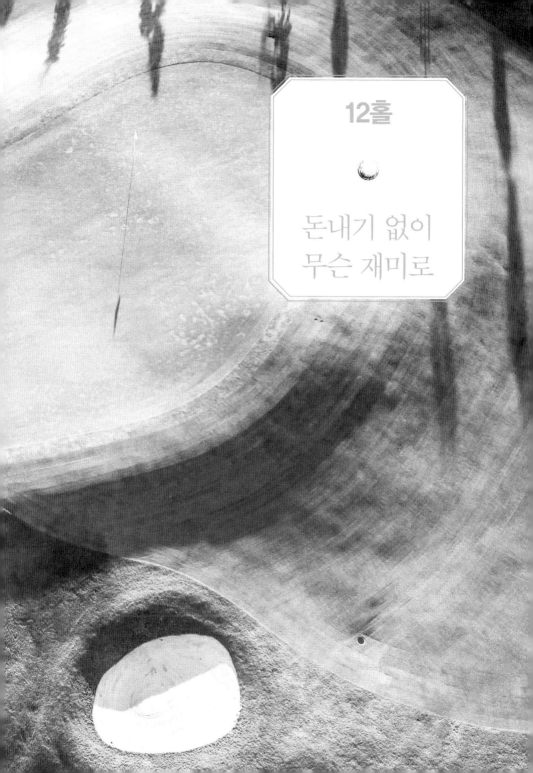

12홀

돈내기 없이
무슨 재미로

　　　　　　　　　어느 날 모임에 갔는데, 개그맨으로 유명한 어떤 이가 골프를 주제로 재미있는 얘기를 꺼낸다.

　"여러분, 골프 60대 타수 치는 사람을 뭐라고 하는지 아세요? 나라를 구하는 놈이라고 합니다. 70대는 뭐라고 할까요. 가족을 먹여 살리는 놈이라고 합니다. 그럼 80대는요? 골프장을 책임져주는 놈이라고 합니다. 90대는 동반자를 부양하는 놈이라고 합니다. 그럼 100대 타수를 치는 사람을 뭐라고 할까요? 비~잉~신이라고 합니다."

　대부분 골프에 대해 웬만큼 아는 사람들이었기에 포복절도한다. 나 역시 배꼽을 잡고 웃었다.

　혹시라도 골프를 잘 모르는 이들을 위해 친절하게 설명하련다.

60대 타수를 치는 사람은 프로골퍼, 국가대표급이다. 국위선양을 하니 이들은 분명 '나라를 구하는' 이들이다. 70대 타수는 아마추어치곤 무서울 게 없다. 내기골프에 강해 싹쓸이 한다. 그러니 분명 가정 살림에 도움이 될 것이다. 80대 타수는 아마추어로서 골프를 치는 것을 가장 즐기는 이들이다. 초고수는 아니지만 어느 정도 자신감을 갖고 있기에 골프장에 많이 가는 계층이다. 그러다 보니 이들은 골프장 매출에 큰 도움이 된다. 90대 타수는 이것도 저것도 아닌, 어정쩡한 이들이다. 재미를 느껴 골프장에 많이 가기는 하나 동반자들 틈에 끼어 내기골프에서 돈을 잃는 층이다. 그러다 보니 동반자들을 먹여 살리는 희생(?)을 감수한다. 100대 타수는? 얘기 않겠다. 부지런히 노력해야 할 이들인 것만은 분명하다.

아마추어가 가장 많이 하는 말, 왜 이러지?

퀴즈를 하나 내겠다. 아마추어 골퍼가 필드에서 가장 많이 하는 말이 뭘까. 답은 "왜 이러지"다. 드라이버샷이 미스 나거나, 아이언 샷이 뒤땅을 칠 때, 투퍼팅은 물론 스리퍼팅, 포퍼팅을 밥 먹듯이 할 때 보통 "아, 오늘 왜 이러지"라고들 한다. 이런 사람이 혹시 내기골프를 한다면 그날 돌아가는 차 기름값도 탈탈 털릴 것이다.

70대 타수, 80대 타수 심지어 90대 타수 골퍼까지 사실 골프장에서 내기골프를 하는 경우가 많다. 오해는 마시라. 골프 경기 특성상 약간의 내기골프는 긴장감과 함께 스릴을 제공한다. 적으면 타당 1000원, 많으면 타당 1만 원 내기를 한다. 재미있는 것은 아마추어 골퍼 세계에선 돈 액수가 적을수록 더욱 피 튀기는 긴장에 사로잡힌다는 것이다. 타당 1000원짜리에 목숨을 걸고(?) 골프를 치는 동반자를 많이 봐왔다. 그만큼 골프는 '내기'가 없으면 재미없는 게임이기도 하다. 그렇다고 도박을 얘기하는 것은 아니다. 당연히 도박용으로 골프를 치는 것은 비판과 함께 벌 받아야 할 일이다.

2019년 초로 기억한다. 올바른 이미지의 배우 차태현이 예능 프로그램과 영화에서 스스로 몸을 감췄다. 개그맨 김준호도 하던 프로그램을 멈추고 자숙에 들어갔다. 예능 프로그램 1박2일의 멤버였던 이들은 정준영 단톡방에 내기골프에 대한 대화를 남겼고, 그게 문제가 돼 자진하차를 택할 수밖에 없게 된 것이다. 어디서 골프를 쳤는지 모르겠지만, 내기골프를 통해 차태현은 225만 원, 김준호는 260만 원 땄다고 자랑한 것이 사회문제화 됐다. 이들은 딴 돈을 다 돌려줬다고 하며 국민들에게 사과했지만 잘나가던 1박2일 프로그램은 폐지라는 운명에 처했고, 이들 역시 자숙의 시간을 보내야 했다. 그 내기골프는 나중에 무혐의로 종결됐지만, 이들의 마음고생은 작지 않았을 것이다. 내기골프에 치러야 할 대가는 컸다.

이들을 옹호하는 게 아니다. 만약 그들의 내기골프가 도박성을 지녔다면 당연히 처벌받았어야 했다. 다만 무혐의로 종결된 것은 도박골프는 아닌 것으로 판단했다는 것을 의미하고, 해당 연예인의 인생에도 재기할 기회가 제공됐다는 점에서 인간적으로 다행이라고 생각한다.

사실 불꽃 튀는 경쟁과 승부욕이 숨쉬는 골프라는 면에서 보면 내기골프에 대한 유혹은 작지 않다. 어느 정도 고수가 되고 실력에 자신이 붙을수록 더욱 그렇다.

내가 속해 있는 이 바닥 강호의 전설로 떠도는 얘기에 따르면, 어떤 사람은 타당 5만 원짜리 내기골프를 했고, 초고수 실력을 밑천 삼아 1년 뒤 집을 살 만큼 돈을 벌었단다. 반면 어떤 이는 내기골프로 패가망신을 하고 이혼까지 당했단다. 직접 목격한 것이 아니고 들은 얘기니까 사실 여부는 검증할 수 없다. 그렇지만 그게 사실이라면 돈을 땄든 잃었든 이들은 골퍼로서의 자격이 없다. 내기골프는 어디까지나 게임의 즐거움을 배가시키는 작은 놀이로서 기능해야 하고, 한 사람의 인생을 바꾸거나 망치는 수준까지 진행돼선 안 된다.

물론 내기골프를 싫어하는 사람을 보지 못했다. 나랑 필드에서 어울리는 부류는 대체로 내기골프를 좋아한다. 타당 1000원 할 때도 있고, 타당 1만 원 할 때도 있다. 그러나 결론적으로 18홀이 끝날 때쯤이면 많아야 2만~3만 원을 따거나, 많아야 2만~3만 원을 잃거나 하는 게 대부분이다. 지든 이기든 큰 부담이 없다. 왜냐하면 내기골프를 할 때는 실력이 엇비슷한 사람들끼리 하기 때문이다.

18홀이 끝났을 때 한두 타 차이로 승부가 나는 사람, 그날 컨디션에 따라 약간의 우세로 승부가 나는 사람, 내기골프를 한다면 이런 사람들과 해야 하는 것이다. 10타 이상 실력 차이가 나는 사람과 내기 골프를 한다면 그것은 사기와 다름없다.

골프의 목적은 즐거움이고, 사교다. 돈내기를 해서 따는 게 목적이 아니다. 이걸 깨달았다면 골프 고수의 문턱에 진입했다고 감히 말씀 드린다.

조폭골프엔 미학이 숨어 있다

지인 중 한 명은 '조폭게임'을 사랑한다. 룰은 이렇다. 일단 동반자 네 명이 10만 원씩 건다. 어느 정도까지 스킨스 게임(그 홀에서 가장 적은 타수를 친 사람이 홀상금을 갖는 것)을 하다가 골고루 돈을 나눠 가지면 조폭게임은 시작된다. 보기를 친 사람은 갖고 있는 돈의 절반을, 더블보기를 한 사람은 갖고 있던 돈 모두를 1등에게 줘야 한다. 보기, 더블보기를 떠나 한 명이 버디를 하면 나머지 세 명은 갖고 있는 돈 모두를 버디에 바쳐야 한다. 만약 17번홀까지 많은 돈을 땄다고 해도, 18번홀에서 버디 한 방을 맞으면 소용이 없다. 17번홀까지의 모든 노력은 물거품이 된다. 즉, 18번홀에서 버디를 한 사람이 나머지 세 사람의 돈을 죄다 털어 가지는 것이다. 여기에 지인의 철학이 숨어 있다.

"18번홀에서 늘 버디를 노립니다. 인생 한 방이라는 짜릿함도 있고, 막판에 싹쓸이하는 즐거움도 크거든요."

그러나 그가 노리는 것은 돈을 다 따는 게 아니다. 18번홀에서 버디를 한다면 돈을 다 긁어 모은 뒤 나머지 세 사람에게 원래의 판돈을 나눠준다. 다만 꼭 통과의례가 있다. 10만 원을 주면서 "자, 형님 해봐"라고 종용한다. "형님" 하면 호탕하게 웃으면서 10만 원을 건네준다. 억울할 것은 없다. 원래 그가 맏형이고, 매일 매일 "형" 하는데 골프장에서 형님 소리 한 번 더 하는 것에 인색할 이유는 없다. 그렇게 순간 순간의 재미를 위해 최선을 다하는 것, 마지막까지 짜릿한 승부를 즐기는 것, 매일 듣는 소리지만 형님 소리 또 들으면서 18홀 대단원의 막을 내리는 것, 그게 그가 원하는 이상적인 내기골프다.

그러니 이 땅의 아마추어 골퍼가 내기골프를 좀 한다고 이상한 눈으로 볼 필요는 없다. 대개 공정하며 현명한 이들이다. 1만~2만 원이라도 남의 돈을 가지고 가는 것을 불편해하는 이들도 많다. 혹 소액을 따더라도 대부분 밥값으로 충당하니 조금 잃었다고 억울할 것은 전혀 없다.

물론 프로는 다르다. 프로는 곧 '돈'이다. 우승상금으로 웬만하면 수십만~수백만 달러를 받는 프로의 세계와 아마추어 세계를 비교할 수 없다.

　그러고 보면 프로들은 타고난 강심장을 지녔나 보다. 어디서 많이 본 것 같은 장면. US오픈 챔피언십 같은 메이저대회 18번째 홀. 1미터 퍼팅을 남긴 프로가 심호흡을 한다. 머릿속에 찰나로 스치는 생각 하나. 이것만 넣으면 우승이다. 수백만 달러 이상의 상금이 저절로 굴러 들어온다. 전신에 팽팽한 긴장감이 흐르는 게 역력하다. 보는 나 역시 떨린다. 아마추어로선 심장이 터질 일이다. 프로는 역시 프로다. 망설이지 않고 정확히 홀 벽을 때린다. 퍼팅 성공이다. 나 같으면? 못 넣었을 수 있다. 새가슴 상태로 '뒤땅 퍼팅'을 했을지 모를 일이다. 별천지인 프로 세상을 이렇듯 눈팅하면서 돈 1000원, 1만 원 내기골프나 하는 아마추어를 그러니 뭐라고 하시지 마시라. 어차피 돌려줄 돈으로 재미 삼는 것인데, 그냥 강심장 배양 훈련이라고 여겨 주시라.

내기골프 최강자 지름길은 '확률'

　딱 봐도 공부 잘하게 생긴 영국의 훈남 배우 짐 스터게스(실제로 그는 영국 명문대 샐퍼드대학교 석사과정을 밟은 수재다)가 주연으로 출연한 영화 '21'. 대표적인 도박영화다. 카지노를 배경으로 한 숨가쁜 두뇌게임으로 유명하다.

벤(짐 스터게스 분)은 MIT 졸업과 동시에 하버드의대 입학을 앞둔 수학천재로, 전도유망한 청년이다. 그런 그의 일거수일투족을 살피는 이가 있으니 바로 미키(케빈 스페이시 분) 교수다. 미키 교수는 수학적 재능이 있는 학생들을 모아 비밀리에 MIT 블랙잭팀을 만들었다. 팀의 목표는 주말마다 라스베이거스 카지노 도박장을 찾아 떼돈을 벌어오는 것이다. 그러니 벤 같은 수학천재가 탐이 나지 않을 리 없었다. 미키 교수의 달콤한 유혹과 거액의 등록금이 마침 필요했던 상황이 맞물려 팀에 가입한 벤. 그 앞에 도박의 세계가 펼쳐진다.

공략 대상은 팀 이름에서도 알 수 있듯 '블랙잭'이다. 카드 좀 치시는 분은 다 알겠지만, 블랙잭은 두 장 이상의 카드를 합쳐 21에 가까울수록 이기는 게임이다. 승부 상대는 딜러다. 블랙잭 게임의 가장 중요한 포인트는 다음에 나올 카드의 확률이다. 다음 카드를 예측하면 그만큼 승률이 높아진다는 뜻이다. 하지만 인간의 능력은 한계가 있는 법. 블랙잭팀은 카드 카운팅과 비밀 암호를 통해 승리 확률을 배가시키는 트릭을 동원한다. 이는 카지노에서 금지하는 일이지만, 어쨌든 팀원 간 완벽한 호흡 속에 팀은 가공할 만한 승률을 얻는다. 그럴수록 벤은 도박의 수렁에서 점차 벗어날 수 없게 되지만 말이다. 이런 트릭은 어느 날 들통나게 되고, 팀은 위기에 빠진다. 뭐, 이런 얘기다.

영화는 어디까지나 영화일 뿐이지만, 여기서 '확률'이라는 단어는 내기골프에서도 핵심 포인트다. 골프는 매번 잘 칠 수 없다. 가끔 트러블샷을 구사해야 할 때가 있다. 이럴 땐 무조건 확률에 의존해야 한다. 예를 들어 투온 시도했을 때의 확률과 투온을 포기하고 안정적으로 스리온을 시도했을 때의 확률 사이에서 그 결과를 예측해야 한다. 이는 공격적으로 칠 것인가, 방어적으로 칠 것인가를 결정 짓는 키워드다. 총공세냐, 수비냐. 이를 확률로 연계할 수 있는 골퍼라면 내기골프 최강자가 될 수 있다.

오늘도 내일도 필드에 가는 날이면 1000원짜리 열 장, 만 원짜리 열 장 정도는 미리 챙기는 나를 발견한다. "형님" 소리를 늘 원하는 그 형처럼 1등을 해서 동반자들로부터 형님이라는 소리를 얻어내려는 욕심을 클럽에 장착하면서 말이다. 순수한 즐거움을 위한 내기골프는 필드맨에게 삶의 의미이자 행복이다.

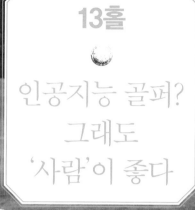

13홀

인공지능 골퍼?
그래도
'사람'이 좋다

　　　　　　　이건 내가 2016년에 쓴 바둑책
《반상(盤上) 위의 전쟁》에도 약간 소개한 글이다. 1986년 아시안게
임 테니스 4관왕인 유진선 프로(테니스)를 만났을 때, 인공지능(AI)
과 로봇에 대한 얘기를 나눈 적이 있다. 인공지능이 스포츠 게임을
지배할 수 있는가에 대한 대화였다.

　결론적으로 유 프로는 인공지능과 로봇이 아무리 발달해도 당시
일류 테니스 선수 이상의 기술은 갖출 수 없다고 단언했다. 그의 말
은 이랬다. 스포츠 중 공 스피드가 가장 빠르다고 알려진 것은 배드
민턴이다. 시속 300킬로미터가 넘는다. 그런데 이는 상대방의 공을
받아치는 스매싱을 기준으로 한 것이다. 반면 테니스 시속은 서브를
기준으로 한 것이다. 테니스 공 스피드를 넘어오는 공을 받아치는

스매싱을 기준으로 재면 아마 배드민턴 못잖은 속도가 나올 것이라고 했다. 인공지능 로봇에 대해선 아직까진 사람을 따라오지 못할 것이라고 했다.

"테니스는 일단 계속 뛰는 게임이야. 숨이 턱턱 막힐 정도로 코트를 왔다 갔다 해야 돼. 로봇은 일단 그렇게 못 뛰지. 만약 서서 공을 받을 수 있다면야 얘기가 다르겠지. 공이 날아오는 스피드, 각도 등을 계산해서 상대방 구석 구석으로 찔러 넣을 수 있을 거야. 결국 뛰면서 공을 처리하느냐, 그냥 서서 처리하느냐에 달렸는데, 현재까지는 그런 점에서 사람이 우위라고 봐야지."

일리가 있다 싶다. 그런데 여기서 주목할 것은 '서서 공을 받는다'는 말이었다. 정적인 스포츠라면 인공지능 로봇이 인간을 상대로 승산이 있을 수 있다는 뜻이다.

골프가 대표적이다. 골프는 이리저리 뛰어다닐 필요가 없다. 파3홀의 경우엔 티를 꼽고 공을 올려놓은 뒤 최적의 클럽으로 거리와 방향을 계산해 홀컵에 공을 붙이거나 아예 공을 넣으면 된다. 거리와 방향, 바람의 세기와 습도까지 정확히 계산하는 능력은 아마 인공지능 로봇이 탁월할 것이다. 그런 점을 유 프로는 상기시킨 것이다.

가뿐히 홀인원 하는 인공지능 로봇

실제 인공지능 로봇 골퍼의 우수성은 입증된 바 있다. 2016년 초 PGA투어 피닉스 오픈 사전행사에선 인공지능 로봇 골퍼가 등장했고, 여기서 가뿐히 홀인원을 기록했다고 한다. 앞서 홀인원한 인간의 최적 샷을 카피해 그대로 스피드를 재현하고 똑같은 스윙궤도를 구사할 수 있다는 것은 입이 떡 벌어질 일이지만, 그게 사실인 것을 어찌하랴. 바람과 습도 등 주변환경은 또다른 변수로 설정해서 미세 조정을 하면 된다고 하니 놀랍기도 하고 충격적이기도 하다.

그게 3년 전쯤 일이니 지금의 인공지능 골퍼의 능력은 더욱 업그레이드 됐을 것이다. 바둑 프로기사 인간 이세돌을 깬 알파고의 무한 진화 비결인 딥러닝(Deep learning)과 같은 과정을 통해 지구촌 내로라하는 많은 초고수의 골프 자세를 습득함으로써 인간계 골퍼와의 거리를 한참 벌려놨을 것이다. 어쩌면 '골프황제' 타이거 우즈가 그동안 보여준 명장면 샷을 몸에 입력해놨고, 언제 어느 때라도 같은 장소에서 같은 장면을 연출할 수 있는 단계까지 왔을 수도 있겠다. 무서운 일이 아닐 수 없다.

그러면 무엇하랴. 인간 골프에는 위기가 있고, 역경이 있고, 그것을 이겨내는 감동의 순간이 있는데 인공지능 골퍼에는 단순히 '기능'만 있을 뿐인데 말이다. 인간의 오욕칠정이 고스란히 노출되면서 재미가 배가되는 바둑에서, 피곤을 모른 채 지치지 않는 체력과 컴퓨터 계산 능력으로 최적의 수를 찾아내 기계적으로 착점함으로써 감동이 없는 바둑을 두는 알파고 케이스와 크게 다르지 않을 것이다.

그렇다. 여기에 답이 있다. 샷을 휘두를 때 정확한 데이터를 바탕으로 한순간의 실수도 허용치 않는 인공지능 로봇에겐 감흥이 있을 수 없다. 인간의 실수가 있고 이에 대한 만회가 있고, 그 과정에서의 불굴의 정신과 도전이 빛을 발할 때 비로소 골프는 참 스포츠로서의 맛을 내는 것이다.

잠시 영화 얘기를 꺼내보자. 골프 소재의 영화는 사실 몇 편 보지 않았다. 그래도 기억나는 게 두어 개 있다. 그중 하나가 고(故) 김주혁 주연의 '홍반장'이다. 별다른 직업 없이 이것저것 사람들 심부름이나 하면서 살아가며 시골동네의 홍반장으로 불리는 '홍두식(김주혁 분)', 어찌어찌 이 동네까지 와서 병원을 차리게 된 치과의사 윤혜진(엄정화 분)이 주인공이다. 백수건달 같은 두식의 삶이 혜진에겐 도대체 이해불가다. 하루살이 일용직도 아니고, 큰 꿈도 야망도 없어 보이는 두식이 안쓰럽기도 하다. 그런데 티격태격 싸우며 어울리다 보니 사람 좀 괜찮은 구석이 있다. 그런대로 홍반장이 맘에 든 혜진은 결혼하라고 성화를 부리는 아버지를 찾기 전 하루만 애인 역할을 맡아달라고 두식에 부탁한다. 혜진에 대해 맘이 없지 않은 두식은 이를 계기로 함께 혜진 아버지의 집을 찾는다. 어찌어찌 혜진

아버지와 같이 목욕탕도 가고, 바둑도 두고, 골프까지 치게 된 두식. 내 눈을 끈 것은 바로 이 장면이다. 10미터 이상의 퍼팅을 남기고 두식이 공을 굴렸는데, 경사를 타고 미끄러지며 그대로 홀 안으로 들어간다. 경쾌한 소리를 내면서 말이다. 이때 혜진 아버지의 표정은 "어쭈, 이놈 봐라"였고, 혜진의 표정은 "어, 사람 다시 보게 만드네"라는 것이었다. 대단히 인상적인 그림이었다. 퍼팅 장면 하나로 두 사람의 애정이 앞으로 핑크빛임을 암시했다. 감독이 골프를 치는 사람인지 모르겠지만, 유독 그 장면이 떠오른다.

외국 쪽으로 눈길을 돌려보자. 좋아하는 외국 영화배우는 맷 데이먼이다. 머리가 좋아 보이는 수재형 얼굴인데다 착하디착하게 생겼다. 그래서 그의 영화는 빠짐없이 본 편이다.

감동이 있는 '굿 윌 헌팅', 고독과 인간의 한계를 생각하게 한 '마션', 그리고 그만의 독특한 액션물 '제이슨 본'까지. 그의 작품은 스크린과 안방 TV를 통해 대여섯 번씩은 봤을 것이다(다만 최근의 '본 시리즈'에서 머리가 희끗한 중년으로 나온 맷 데이먼을 보곤 세월 앞에 장사는 없구나 하는 서글픔을 느꼈다). 여기서는 그의 영화 중 젊은 시절 출연한 '베가 번스의 전설'을 소개한다. 맷 데이먼 주연의 대표적인 골프 영화다.

영화 '베가 번스의 전설'을 아시나요

사바나의 골프 영웅이면서 백만장자의 외동딸 아델(샤를리즈 테론 분)과 사랑에 빠진 주너(맷 데이먼 분). 그러나 삶과 죽음의 문턱을 넘나드는 1차 세계대전에 참전한 후 깊숙이 황폐해진 가슴을 다독일 방법이 없다. 그래서 모든 것을 포기하고 술주정뱅이로 살아가는 주너. 이런 폐인을 좋아할 여자는 없다. 아델 역시 안타깝지만 주너를 외면한다. 둘의 사랑은 이대로 끝날 것만 같은데⋯⋯. 돌아가신 아버지의 꿈이었던 골프장을 재건하려는 아델이 주너를 찾아 새로운 골퍼 인생을 제안하면서 영화의 극적 반전은 시작된다. 그러나 술에 찌든 인생에 익숙한 나머지 다시 골프채를 잡기 두려운 주너. 그 앞에 수수께끼 같은 인물인 베가 번스(윌 스미스 분)가 나타나 캐디를 자청하고⋯⋯. 이후 자세한 기억은 나지 않지만, 둘은 사랑을 확인하고 골프 경기도 극적으로 잘하고⋯⋯. 아마 이런 스토리였을 것이다.

내가 주목한 것은 맷 데이먼의 퇴폐적인 연기도 연기지만, 골퍼에게 정신적인 멘토 역할을 하는 번스였다. 한때 골프계를 주름잡았던 골퍼, 그러나 정신적으로 함몰한 이 골퍼에게 골프의 의미와 삶의 의지를 일깨워주는 장면이 눈길을 끌었다.

인공지능 로봇은 아마 세계 골프계, 아니 일반 골퍼 세계에도 지대한 영향을 미칠 것이다. 어드레스, 코킹, 피니시 등 인공지능 로봇 골프 코치는 인간의 골프 능력을 분명 향상시켜줄 것이다. 그렇지만 번스의 역할은 하지 못할 것이다. 좌절하는 인간에게 도전하라는 영감을 불어넣고, 절망을 희망의 메시지로 바꿔주는 멘토 역할은 인간만이 할 수 있다. 인공지능은 절대로 번스가 될 수 없다. 벼랑 끝에 몰린 한 인간에게 삶의 의지와 열정을 심어주는 것은 인간 고유의 영역이다. 영화가 두고두고 감정의 편린으로 남은 것은 이런 대목과 무관치 않았을 것이다.

가수 '바다'에 얽힌 얘기도 이와 관련한 시사점을 준다. 한때 폭발적인 인기를 끈 SES의 원조 멤버로 시원한 가창력을 자랑하는 가수이자 뮤지컬배우인 바다(본명 최성희). 좋아하는 가수다. 목소리가 시원시원하고 탁 트인 게 이름 그대로 '바다' 같다. 말솜씨도 수준급이다. 예전에 바다의 강연을 기사로 쓴 적이 있었는데, 어린 시절 외로운 환경 속에서도 가수에 대한 꿈을 포기하지 않았다는 그의 스토리는 매우 흥미로웠다. 기사가 나간 직후 그의 매니저로부터 고마운 기사였다며 메일로 인사가 날아온 게 생각난다. 그래서 그런지 바다와 관련해선 좋은 기억이 남아 있다.

언젠가 '히든싱어'란 프로그램을 본 적 있다. 케이블방송에서의 재방송이었을 것이다. '바다보다 더 바다 같은' 최소현 씨라는 이가 나왔는데, 정말 노래를 잘 불렀다. 한마디로 끝내줬다. 그는 말했다. "학창시절 학교도 안 가고 바다 언니 노래가 나오면 레코드가게에 곧바로 가서 레코드판을 샀다"고. 바다 팬으로서 얼마나 극성스럽게 가게를 드나들었으면 그 사장님이 얼굴을 기억했겠느냐고. 그리고 또 말했다. "이 프로그램에 3년간 바다(언니)가 나오기를 기다렸다"고. 딱 봐도 알겠다. 바다같이 노래를 부르려고 그 3년간 얼마나 많은 노력을 했겠는가. 원조 가수를 제치고 우승까지 했으니, 실력도 실력이지만 참으로 대단한 집념이 아닐 수 없다.

이 사례를 끄집어내는 이유 역시 인공지능 화두 때문이다. 사람이 사람 목소리를 닮으려, 혹은 그보다 더 그 사람 이상의 목소리를 내려 피를 토할 만큼 연습하면 되는 게 세상인데, 인공지능이 이런 일에 뛰어들면 어떤 일이 벌어질까 하는 생각을 해봤다. 물론 크게 걱정은 안 된다. '인공지능 바다'가 나오더라도 인간 바다의 목소리를 카피하는 수준일 것이다. 그 이상의 작업엔 한계가 있을지 모른다. 반면 최소현 씨는 놀라우리만치 원조 가수 바다 흉내를 내면서도 때론 바다보다 더 바다 같은 창조음을 낼 수 있었다. 카피가 아닌 창의력, 이것이 인공지능과 차별화되는 인간만의 무한한 잠재력의 바탕일 것이다. 인공지능은 그런 점에서 한계가 명확하다.

실수가 있고 운이 따르는 골프, 그게 참맛

인공지능이 아무리 인간 골퍼로선 상상치 못할 가공할 플레이를 한다고 해도 인간 골프계가 두려워하거나 겁먹을 필요는 없다. 골프는 스토리가 살아 있는 인간만의 운동이다. 때론 한계를 보이면서도 때론 인간 이상의 능력을 발휘하거나, 행운과 함께 불행이 따르면서도 그 속에서 인간의 불굴의 의지와 인내를 시험하는 인간만의 운동이다. 인공지능 골퍼에겐 기능과 기술만 존재할 뿐이다. 인공지능 골퍼는 절대로 희로애락, 탄식과 절망, 환호와 박수의 의미를 알지 못할 것이다. 완벽한 것은 재미가 없다. 실수가 있어야 그만큼 만회와 성공의 맛이 달콤한 법이다. 마치 역경과 극복이 없는 인생이 무미건조한 것처럼 말이다.

얼마 전 재미있는 광경을 하나 목격했다. 뉴스프링빌 퍼블릭에서다. 처음 보는 부부와 조인해서 플레이했는데, 그 부인의 파워가 좋았다. 6개월 경력치곤 스윙 스피드가 빨랐다. 티샷을 했는데 "아~" 하고 탄식을 한다. 언덕 부근을 간신히 넘어 데굴데굴 굴러갔다. 아마 언덕에서 10센티미터 낮게 깔렸다면 그대로 곧장 해저드에 빠졌을 것이다. 그래도 생사를 5:5로 봤는데, 운 좋게도 아슬아슬하게 OB언덕을 맞고 내리막길 쪽으로 쭉 굴러간 것 같다. 결과적으론 제법 잘친 샷으로 둔갑했다. 다행히 매우 짧은 홀이었다.

"죽다 살아났다"며 너스레를 떨던 그 부인이 세컨드샷을 했다. 어, 그런데 이번엔 너무 길다. 오버가 아닌가 싶다. 이런 일이 많다 보니 골프장에선 아예 그린 뒤쪽에 높디높은 철망을 설치해놨다. 철망이 없으면 그대로 다른 홀 쪽으로 훌쩍 넘어가기에 "볼~"하고 크게 외쳐야 할 공이다. 그런데 철망 정중앙을 맞은 공이 탄성에 의해 튕겨져 나오더니 홀컵 앞 1미터 정도에 떨어져 멈춰 서는 게 아닌가. 엄청난 행운이다. 그걸 보더니 무척 좋아한다. 그 부인은 이 홀에서 버디를 했다. 어린아이처럼 폴짝폴짝 뛰며 즐거워한다. 옆에서 크게 박수를 쳐줬다. 인공지능 골퍼는 인간만이 누리는 이런 아슬아슬함과 행운의 참맛을 알지 못할 것이다. 순간순간 교차했던 희로애락, 결국 운 좋은 결말을 맺을 때의 환호, 이렇듯 그 부인에게서 울고 웃는 인간만의 플레이가 선명하게 노출된 게 인상적이어서 이 사례를 소개해봤다.

사람 골프가 재미있는 것은 이처럼 예상 밖 변수가 곳곳에 숨어 있기 때문이다. 불운과 행운 그리고 또 행운과 불운, 이것의 반복에 희비가 엇갈리며 인생의 본질을 사유하는 것은 인간 고유의 영역이다. 이 고유 영역 정중앙에 위치한 것이 바로 골프다.

"아마추어 골프요? 실짱(실력이 좋은 사람) 필요 없어요. 운짱(운이 좋은 사람)이 최고예요. 아무리 실력이 좋아도 운이 좋은 사람한테는 이길 수 없거든요. 그래서 아마추어죠, 뭐."

사랑도 돈도 명예도 알고 보면 운이라고 믿는 친구 녀석은 늘 이렇게 말한다. 맞다. 인공지능 시대, 그렇게 여기는 게 속 편할 것이다. 아니, 그렇게 사는 게 맞을 것이다.

몇 년 전 인간계 최고수인 이세돌과 인공지능 알파고 간 세기의 바둑대결이 벌어졌는데, 골프에선 굳이 사람과 기계의 대결을 재현할 필요는 없을 것이다. 어차피 점수로 인간이 이길 수 있는 승부가 아니다. 타이거 우즈가 됐든, 전설의 골퍼 잭 니클라우스가 됐든 세상에서 가장 완벽했다는 샷을 그대로 입력해 재현해내는 인공지능 골퍼를 어찌 당해내겠는가. 그것보다 인간만의 스토리를 강조함으로써 인간이 골프의 진정한 주인임을 확실히 선포하는 쪽으로 골프계가 움직여야 한다.

14홀

칭찬은 캐디를
춤추게 한다

'노벨상' 설립자로 유명한 알프레드 노벨 이야기다. 1888년, 어느 날 신문을 펼친 노벨은 놀라 자빠질 뻔했다. 신문에 자신의 사망기사(부음기사)가 실렸기 때문이다. 부고 타이틀은 '죽음의 상인이 죽었다'였다. 그걸 본 후에 더 큰 충격을 받았다. 다이너마이트를 발명했다는 자긍심을 갖고 살던 노벨에 대한 언론의 평가는 '죽음을 부르는 사람'이었던 것이다. 그것은 노벨에게 혹독하게 다가왔다. 노벨은 사람을 이롭게 할 목적으로 광산채굴용 다이너마이트를 발명했다.

그런데 어느 날부터 그것이 사람을 대량 살상하는 무기로 둔갑했다. 이 점에서 언론이 다이너마이트 개발자를 '죽음의 상인'이라고 표현한 것이다. 물론 이 기사는 오보였다. 노벨의 형인 루드비히 노벨의 사망을 착각해 잘못 쓴 것이다. 아무튼 노벨은 이 일로 식음을 전폐할 정도의 상실감을 느꼈다. 자신의 부음기사에 녹아 있는 '형편없는 평판'에 대한 실망감과 이에 따른 삶에 대한 회의감이 온몸을 지배했다. 노벨은 "내가 죽으면 재산 94퍼센트를 인류의 과학발전에 공헌한 이들에게 나눠주라"는 유언장을 남겼다.

그 유명한 노벨상은 이렇게 탄생했다. 노벨이 오보를 낸 언론과 기자를 상대로 소송을 걸었는지는 모르지만, '땅에 떨어진 평판'을 인정하고 '베푸는 삶'으로 철학을 바꾼 노벨은 그래서 두고두고 회자되는 인물이 됐다. 조금 확대해석을 하자면 오보를 낸 책임과는 별개로 어찌됐든 언론과 기자의 비판적 시각과 지적이 한 사람의 인생철학을 바꿨고, 노벨상이라는 후학을 위한 든든한 '둥지'를 만든 셈이 됐다.

하지만 이것은 사람 사는 세상, 일부에 한정된 일일지도 모른다. 노벨은 그나마 착한 사람이었나 보다. 남의 비판에 귀 기울여 지난 삶을 반성하는 사람은 많지 않다. 노벨이 비범한 인물이었음은 분명하다.

골프에서는? 지적의 '지'자(字)도 던지지 말라. 설사 상대방이 속임수를 쓴다 하더라도 눈을 감고 그 플레이를 모른 척하라. 조언이 됐든, 충고가 됐든, 좋은 뜻이라도 싫은 얘기를 하는 사람을 좋아하는 동반자는 단언컨대 없다. 필드에서 조금 고수라는 사람이 하수

플레이에 간섭하는 경우를 심심치 않게 보곤 한다. 티를 더 올려라, 코킹을 더 높이 하라, 왼쪽 오른쪽으로 허리를 좀 틀어라 등 자기만엔 귀중한 조언을 하는데, 이는 잘못된 일이다. 역시 이를 기분 좋게 받아들이는 사람은 없다고 보면 된다.

이런 견해를 뒷받침하는 영화가 하나 있다. "옳음과 친절함 중에 하나를 택해야 한다면 친절을 택하라(When given the choice between being right or being kind, choose kind)." 지난 2017년 개봉된 영화 '원더(Wonder)'에서의 명대사다. 영화는 선천적 안면 기형으로 태어난 아이가 세상을 향해 하나둘씩 마음을 여는 과정을 그린다. 이 대사는 브라운 선생님이 한 말이다. 옳다고 믿는 것을 관철하는 것도 좋지만, 친절을 통해 다른 사람의 마음을 파고드는 것이 세상을 바꾸는 좀 더 위력적인 힘이 된다는 뜻이다.

수많은 필드에 서면서 이 영화 대사를 늘 머릿속에 떠올렸다. 이를 필드에서 매우 유효한 말로 여겨왔다. 상대방이 매너 없는 플레이를 할 때 옳다, 그르다는 잣대를 들이대면 그는 절대로 바뀌지 않는다. 반발만 할 뿐이다. 친절만이 그의 플레이를 변화시킬 수 있다. 너그러운 마음과 여유로 상대방 플레이의 장점을 칭찬하는 친절을 베풀 때 그는 비로소 마음의 문을 연다.

골프장에서 충고 좋아할 사람은 없다

친절은 칭찬의 다른 이름이기도 하다. 칭찬을 많이 하라. '칭찬은 고래를 춤추게 한다'는 말이 있다. 골프장에선 이 말이 진리다.

"저는 캐디를 편하게 해주려고 골프를 칩니다. 캐디를 춤추게 하면 저도 즐겁거든요."

지인 중 하나는 플레이할 때마다 이런 얘기를 입에 달고 다닌다. 꼭 캐디를 플레이 측면에서 만족시켜 주겠다는 뜻은 아닐 것이다. 캐디를 편하게 해준다는 것은 동반 플레이어가 무난하게 경기를 치를 여건을 조성한다는 의미다. 내가 좋은 플레이를 하면 언덕에 올라가 트러블샷을 할 필요가 없으니 캐디 역시 편하고, OB나 해저드가 없으면 캐디가 그만큼 신경을 덜 쓰고 대신 다른 이에게 세밀한 안내를 할 수 있으니 서로 최상의 플레이를 하는 데 그만큼 도움된다는 뜻이다. "캐디가 웃으면 동반자 네 명이 더 웃게 됩니다. 그러니 캐디를 춤추게 할 필요가 있는 것이죠." 지당한 말씀이다.

실력도 실력이지만, 캐디를 춤추게 하려면 무엇보다 그를 존중해야 한다. 시니어 중 캐디에게 "야"라며 막말 호칭을 하는 사람이 가끔 있는데, 이는 잘못된 것이다. 골프에서의 언행은 곧 품격이다. 캐디를 인격적으로 잘 대우하면 자신은 물론 동반자들에게 수혜로 돌아간다. 멀리건을 하나라도 더 챙겨줄 것이고, 아이언 선택에도 더욱 신경 써줄 것이고, 퍼팅 라이도 세심하게 살펴줄 것이다. 이 단순한 원리를 모르고 자신의 플레이가 부진할 때 캐디 책임으로 돌리고 욕하는 것은 정말 우둔한 짓이다.

페친인 손욱 삼성종합기술원 전 원장이 어느 날 페북에 좋은 글을 올렸다. 멘토링, 코칭, 리더십에 관한 한 전문가로 꼽히는 이다. 내용은 이렇다. 어느 시아버지가 며느리를 봤는데, 이 며느리는 평생 부엌 한 번 들어가본 적 없이 귀하게 자란 이였다. 머리를 싸매고 땀을 뻘뻘 흘린 후 밥을 해 올렸는데, 울상을 짓더란다. "아가야, 왜 그러느냐"라고 물었더니 "아버님, 한다고 했는데 이것이 밥도 아니고 죽도 아니고 이상하게 됐어요. 죄송해요"라고 하더란다. 꾸지람을 들을까 안절부절 하면서 말이다. 그랬더니 시아버지 말이 걸작이다. "아, 그것 잘했다. 내가 몸이 찌뿌둥해서 밥도 먹기 귀찮고, 죽도 먹기 귀찮았는데 밥도 아니고 죽도 아니라니 얼마나 맛있겠느냐. 정말 고맙다." 이랬단다. 며느리로선 눈물이 핑핑 돌 만큼 감동했을 것이다. 며느리가 평생 시아버지를 모시는 데 열과 성을 다했을 것임은 자명하다. 타박을 해도 모자랄 순간에 '칭찬 모드'를 가동한 시아버지. 이 얼마나 현명한 사람인가.

이게 사실인지, 지어낸 얘기인지 확실치 않지만 칭찬은 고래를 춤추게 한다는 말의 의미와 위력을 대변하는 사례가 아닐 수 없다.
"인간성은 약자를 대하는 태도에서 드러난다."

앞에서 소개한 캐디를 춤추게 하려고 골프를 친다는 이와 손욱 전 원장의 글에 나온 그 시아버지는 이 말의 뜻을 분명 알고 있을 것이다. 캐디나 며느리가 약자라는 뜻은 아니다. 어느 상황에서든 지 상대방을 배려하고 존중하고 수시로 칭찬을 곁들이면서 사는 것, 그것이 서로에게 즐거운 인생임을 상기시켜줬다는 점이 중요 하다.

필드에서 칭찬을 받으면 누구나 춤을 춘다. 비기너를 좀 벗어났 다 싶을 때의 나도 그랬다. 나이는 나보다 조금 많은 데 친구처럼 지 내는 동료가 있다. 필드에 선 그에게서 싫은 소리 한 번 나온 적 없 다. 매번 칭찬이다.

"아, 김 형은 퍼팅이 기가 막혀요. 따로 레슨 받았나 봐요."

"드라이버가 정확해요. 악성 스트레이트입니다. 부러워요. 페어 웨이를 매번 지키네요. 거리만 좀 내면 될 것 같아요."

줄곧 이런 식이었다. 그와 필드에 함께 있는 자체가 그렇게 좋을 수 없었다. 그 앞에만 서면 샷이 매우 좋아짐을 느꼈다. 그는 고위직 까지 올라갔다. 하나를 보면 열을 안다고, 회사에서도 높은 인격을 인정받았나 보다. 지금도 그와는 자주 카톡을 통해 안부를 주고받는 다. 가끔은 '번개팅 필드 회동'을 갖기도 한다.

비기너에겐 수시로 칭찬 모드 가동하라

사실 '약자 골퍼'가 서글픈 것은 미흡한 실력에 대한 자괴감보다는 상대방에게 민망해서일 것이다. 고수들이야 "파 하는 기쁨보다 더블보기 하는 슬픔이 크다"는 것을 알기에 무리하지 않는 안정적 플레이를 추구하지만, 초보야 어디 그런 것을 의식할 틈이나 있겠는가. 더블보기는 물론 트리플보기, 양파를 밥 먹듯이 하다 보면 위축되고 동반자들에게 자꾸 미안해지는 법이다. 괜히 민폐를 끼치는 것 같아 땅으로 숨고 싶은 마음, 그게 초보자 입장이다.

이럴 때 버튼을 눌러야 할 것이 바로 '칭찬 모드'다. "비기너 때는 다 그래요. 그래도 다른 비기너보다 엄청 재능이 있어 보여요", "와, 아이언샷이 기가 막혀요", "그 플레이는 고수도 하기 힘든 것인데 정말 잘했어요"라고 칭찬해주면 대부분 기가 살아난다. 플레이도 나아진다. 그러면 고마움과 친근감이 잔뜩 묻은 표정으로 감사를 표할 것이다. 결국 칭찬한 사람의 평판은 자연스럽게 올라간다.

물론 현실은 좀 다른 구석이 있다. 칭찬하고 싶어도 못 하게끔 만드는 밉상은 있다. 필드에서 '나쁜 매너'를 서슴지 않는 이들이다. 상대방을 쉴새없이 비꼬는 사람, 분명 OB말뚝 너머로 공이 갔는데 공이 살아 있다며 우기며 치겠다는 사람, 해저드로 공이 빠져 다시 쳐야 하는 상황에서 주머니에 공이 없다며 하나 빌려달라는 사람

등등……. 심지어 퍼팅이 빗나갔을 때 라이를 잘못 코치했다고 캐디를 아랫사람 다루듯 다그쳐 결국 울게 만드는 몰상식한 사람, 심한 성적 언행으로 캐디 얼굴을 벌겋게 만드는 사람 등등……. 꼴불견 행동을 하는 이가 적지 않은 게 사실이다. 이런 상황에서 현명하게 대응하는 것은 어려운 문제다. 너그러움에 관한 한 입신의 경지에 오른 사람이 아니라면 이런 이들까지 칭찬하는 것은 쉽지 않다. 각자의 판단에 맡길 일이다.

　필드에서의 칭찬도 긴요하지만 상대방을 즐겁게 해주는 '필살기 건배사' 하나쯤은 평소 마련해두면 뒤풀이 때 매우 유용하다. 저녁식사 때 대리운전을 염두에 두고 가볍게 반주를 곁들인다면 그 자리에서는 인상적인 건배사가 필요하다.

　친한 형님 한 분이 평생 밀고 있는 건배사는 '싱글벙글'이다. "골프는 싱글, 인생은 벙글, 싱글벙글 싱글벙글"이라고 늘 외친다. 그럴 때 그의 얼굴은 싱글벙글이고, 동반자의 표정 역시 싱글벙글이 됨은 물론이다. 그 형은 필살기까지는 아니지만, 이 즐겁고도 호탕한 건배사로 필드 후 뒤풀이 인생을 일관해왔다.

　그 상황에 어울리는 '맞춤형 건배사'를 순간적으로 개발하는 것도 좋은 방법이다. 평소 건배사 연마(?)가 필요하다. 언젠가 꽤 알려진 음악인과 라운딩을 했는데, 도대체 건배사가 생각나지 않았다. 18홀 내내 고민했지만 딱히 떠오르지 않았다. 음악인에겐 좀 일반 건배사와 다른 것이 필요하겠다고 미리부터 생각하긴 했다. 라운딩 후 뜨거운 탕에서 다음의 건배사를 떠올렸다. 그러곤 이를 적용했다.

"저는 호세카레라스를 좋아하는데, 우리 딸이 뱃속에 있을 때 그의 공연을 보러 가기도 했습니다. 그래서 호세카레라스로 건배사를 하겠습니다."

음악인이 호기심 가득한 눈을 하고 귀를 기울인다. 좌중이 첫단어 합창을 한다.

"호." "드라이버는 호쾌하게!"

"세." "아이언은 세밀하게!"

"카." "방향은 캐디 말대로 늘 카트 쪽으로!"

"레." "샷은 더도 말고 덜도 말고 레슨 받은 대로!"

"라." "타수는 라베(라이프 베스트)로!"

"스." "딴 돈은 쓸(스)어 담고, 위하여!"

대단한 건배사는 아니었다. 식사 후 헤어질 때 그 음악인이 악수를 청하며 말을 건넸다.

"그 건배사 오늘 생각한 거지요?"

"네, 선생님이 음악인이라 저로선 신경을 쓴다고 급조했는데, 어색했지요?"

"아닙니다. 그런 것 같아 더욱 고맙습니다."

별것 아니지만, 그는 나름대로 대접받은 느낌을 받은 것이 확실하다. 그와 지금은 연락이 끊겼지만 한동안 좋은 인연으로 지냈다.

홀라당, 홀인원은 나(라)와 당신의 기쁨

개인적으론 즐거운 건배사로 '홀라당'을 추천한다. 참고로 홀라당은 비속어가 아니다. 홀랑(속의 것이 한꺼번에 드러나도록 완전히 벗어지거나 뒤집히는 모양)의 본말이다. 의외로 뒤풀이 건배사로 장고하는 이가 많다. 이 건배사는 직접 하지는 않고, 자기 순서 때 머리를 쥐어짜고 고민하는 그런 이가 있으면 넌지시 건네주는 선물용(?)이다.

이를 기꺼이 받은 누군가는 힘차게 소리친다. "홀인원, 나(라)의 기쁨, 당신의 기쁨!" 그럼 그가 누군가와의 다음 라운딩에서 반드시 홀인원을 했으면 좋겠다는 마음으로 박수를 쳐준다.

여러 가지 측면에서 나를 절제하면서도 남에게 기쁨을 주려는 골프, 정말 좋은 운동이다. 건배사 하나에도 이렇듯 칭찬과 나눔의 철학이 담겨 있는 것이다.

얼마 전 알츠하이머를 앓고 있다는 전두환 전 대통령이 모 골프장에서 골프 치는 모습을 서울의 한 구의원이 찍어 화제와 함께 논란이 된 적이 있다. 병을 이유로 재판 불출석 중에 골프를 치는 게 옳은가 그른가에 대한 세간의 입방아도 뒤따랐지만, 남이 골프 치는 곳까지 불쑥 찾아가 말을 걸고 동영상을 찍는 게 옳은 일인가 하는 찬반 격론도 이어진 것을 보면 전 전 대통령의 행보 자체가 참으로 관심사는 관심사인가 보다. 병이 있는지 없는지 모르겠지만, 90세 가까운 나이임에도 세간의 뒷말을 감수하면서도 이렇듯 필드를 찾는 것을 보니 골프가 얼마나 끊기 어려운 마력을 지녔는지 충분히 짐작할 수 있다.

15홀

골프에서
배우는 리더십

아마 고2 아니면 고3 때였을 것이다. 질풍노도의 시기. 꿈도 많았지만 방황도 많이 했다. 어느 날 속리산에 가고 싶었다. 버스를 타고 종착지를 얼마 남기지 않았는데, 무거운 007 가방을 든 사람이 탔다. 좌중을 한 바퀴 살피며 쳐다보더니 작은 종이를 한 장씩 건넨다. 번호가 쓰여 있다. 앞으로 다시 나아가더니 일장연설을 한다. 중소기업을 운영하다가 망했는데, 먹고 살기는 힘들고 그래서 좋은 물건 하나 가져왔단다. 카메라였다. 추첨을 시작하겠다고 한다. 뭐 이런 식이다. 12번! 23번! 48번!…….

어라, 내가 당첨됐다. 기뻤다. 아 카메라에 당첨됐구나. 그는 내게 축하한다며 당첨 선물로 건네주는데 그냥 제세공과금만 내면 된단다. 당시는 뭔 말인지 몰랐다. 제세공과금이 '어떤 물건을 취득할 때 취득자가 부담하는 비용'이라는 것은 훗날 알았다. 어쨌든 난 돈이 별로 없었다. 돈이 모자란다니까, 그는 심각한 얼굴 표정을 짓더니 "그냥 반만 내라"고 한다. 반을 냈는지, 반에 반을 냈는지 기억은 나지 않지만 암튼 돌아갈 차비 빼놓고 호주머니 돈을 탈탈 털어 준 것 같다. 나중에 알았다. 그 카메라는 엉터리였고, 그만한 가치가 없다는 것을. 이후 버스에 타 호객행위를 하는 사람을 믿지 않게 됐다. 나의 순진함을 이용한 사람, 그래서 나쁜 사람, 그에 대한 나의 평가는 이랬다.

얼굴에 '순진'이라고 써 있었던 것일까. 사실 전에도 이런 일은 많았다. 고속버스 터미널에 앉아 있으면 꼭 "도를 아십니까"라고 접근하는 사람이 있었다. 냉정하게 안면 차단하기도 그렇고 해서 말을 받아주다 보면 한없이 대화가 이어지는 순간이 적지 않았다. 사람들은 내가 촌놈같이 순박해 보여서 그런 사람들이 꼬인다고 했다. 맞는 말일 것이다. 그때는 정말 그랬던 것 같다.

지금은 닳고 닳은 인생일 것이다. 집 앞 도로에서 상품권을 건네며 신문 보라는 사람에 시선 하나 두지 않고 당당히 휑하니 지나치고, 음식점 스티커를 나눠주는 사람의 손길에도 아랑곳 않고 제 갈 길만 묵묵히 가는 일에 익숙해진 지 오래다. 그러고 보면 나도 참 싸늘해졌다. 순박한 촌놈이 서울 왔더니 도시 '뺀질이'가 다 됐나 보다.

사람이야 너무 정 없으면 안되지만, 골프를 잘 치려면 조금은 냉정해야 한다. 지인 중 하나는 골프를 칠 때마다 서두를 이렇게 장식한다. 첫홀 들어가기도 전에 말이다. "오늘 콘셉트는 명랑골프 아니겠어요?" 그리고 골프보다 술에서 즐거움을 찾는 분위기 쪽으로 유도한다. 골프 실력이 달려서 그런가 보다 했더니 꼭 그런 것만은 아니다. 처음부터 그렇게 골프를 배웠나 보다.

그렇게 시작하면 골프는 재미가 없다. 골프는 적당히 몸에 긴장감을 주며 점차 도전해야 하는 운동이다. 이래도 좋고, 저래도 좋고 식으로 건성으로 치는 골프, 본질(골프)보다는 곁가지인 말잔치나 술 분위기에 탐닉하는 골프는 바람직하지 않다.

골프가 리더십의 요체로 불리는 까닭

옛날 어른들이 말씀하셨다. "농사 중에서 가장 어려운 게 바로 자식 농사"라고. 그만큼 자식 키우는 일은 마음같이 되는 게 아닌가 보다.

필드에서 동반자들과 많은 얘기를 하게 되는데, 나이 지긋한 이들과 함께하면 꼭 나오는 게 자식 얘기다. 그들 역시 옛어른과 다를 바 없다. 한결같이 세상 최고의 난제가 바로 '자식문제'라고 한다. 고등학교 때 아이가 폭력을 휘둘러 강제 전학을 당한 후 눈물로 읍

소해 간신히 마음을 돌려놨고 이제 조금 정신 차린 것 같다는 사람, 대학졸업 후 취직 좀 하나 싶더니 3개월째 방콕 생활을 하며 게임만 하는 아들 때문에 속상해 죽겠다는 사람, 죽자 사자 돈 벌어 학원 보내 좋은 대학에 보내놨더니 몇 개월째 회사 면접에서 다 떨어져서 분통이 터져 죽겠다는 사람 등등 별별 사연이 다 있다. 우리 같은 일반인도 이같이 자식 때문에 속을 썩는데, 주변 눈을 의식해야 하는 유명한 사람들이야 오죽할까.

국정농단 의혹과 탄핵의 출발점은 최서원(개명 전 최순실) 씨 딸 정유라의 입시비리 의혹이었고, '조국 사태'의 기폭제가 된 것도 역시 따지고 보면 자녀 특혜 논란이었다. 거침 없는 성격의 김성태 자유한국당 의원이 재판 증인으로 출석하며 눈물을 흘린 것도 딸과 관련된 일 때문이었고, 세상 부러울 게 없어 보이는 나경원 전 한국당 원내대표 역시 툭하면 세간의 입방아에 올려지는 것이 자녀와 관련한 비리 의혹이고 보면 참 자식 문제 어렵고도 무섭다는 생각이 든다. 하긴 입각을 노리는 많은 인사들, 정치권 입성을 꿈꾸는 적잖은 거물급들 역시 자녀 문제라고 하면 당장 고개를 떨굴 수밖에 없는 게 현실이라는 얘기가 심심찮게 들리는 것을 보면 '자식농사' 어렵다던 옛어른 말씀 틀린 것 하나도 없는 것 같다. 자식에 연연했던 지난날들, 그리고 보면 인생무상이다.

그런데 자식농사만큼 어려운 게 있다고들 한다. 바로 골프다. 자식과 골프가 비교대상으로 어울리겠는가마는 그만큼 내 맘대로 되지 않는다는 뜻에서 그런 말들을 하는 것일 게다. 참으로 골프는 오묘하다. 잡힐 듯 잡힐 듯 잡히지 않는 나비처럼 얄밉다. 드라이버를 교정했다 싶으면 아이언이 잘 안 맞고, 아이언이 된다 싶으면 퍼팅이 말을 안 듣는다. 어제 분명 라베(라이프 베스트) 점수를 기록했는데 오늘은 무려 100타다. 속상하고도 속상하다. 왜 이리 들쭉날쭉일까. 이처럼 천당과 지옥을 오고 가게 만들면서 때론 골프채 몇 개쯤은 부러뜨리고 싶은 유혹을 느낄 정도로 성질 돋우는 게 바로 골프다.

골프는 태생적으로 민감하다. 실력 외에도 체력과 마인드, 거기에 코스장 설계나 비바람 등 주변 자연환경 변수까지 고려해야 하는 복잡한 운동이다. 명랑골프에 만족하는 골퍼라면 그다지 신경 쓸 것은 아니지만, 공을 좀 더 잘치고 싶은 이들에겐 경력이 붙으면 붙을수록 '난공불락의 성'처럼 느껴지는 게 골프다.

여기서 생각해봐야 할 것은 골프는 멘탈(mental) 게임 속성이 강하다는 점이다. 프로의 실력은 종이 한 장 차이라고 한다. 세계 프로골퍼 리스트에 낀 선수라면 그 유명한 마스터스대회든 US오픈 챔피언십이든 실력 면으론 우승을 차지할 수 있다는 뜻이다. 그런데도 우승은 소수 몇 사람이 독점한다. 이건 실력 외에 뭔가가 있다는 뜻이다. 그것이 바로 멘탈이다. 단순한 정신력만을 의미하지는 않는다. 멘탈은 불굴의 의지와 함께 잔잔한 호수 같은 평정심, 두둑한 배짱, 여유 등의 총합이다. 무엇보다 자신을 컨트롤할 수 있는 능력, 그게 멘탈인 것이다.

그래서 골프는 '리더십'의 요체로도 불린다. 자신을 제어하는 것이 핵심인 게 골프이다 보니, 절제와 평정심이 강한 골퍼가 좋은 리더십을 보일 수 있다는 것을 철썩 같이 믿는 이들이 의외로 많다. 가화만사성(家和萬事成, 집안을 화목하게 잘 다스리면 모든 일이 잘 이뤄진다는 뜻) 논리와 비슷하다. 좋은 매너와 남에 대한 존중을 몸에 익힐 수 있는 골프에서 그 덕목이 확인되면 후한 리더십 점수를 더 얻게 되는 것이다.

모 기업 사장으로 은퇴한 분 얘기다. 퇴임 직전까지 직원들로부터 소통과 리더십이 좋기로 호평을 받은 인물이다. 어느 날, 회장이 이번 주말에 시간을 비워두라고 하더란다. 골프장에 갔다. 동년배 직원들도 함께 불려왔는데, 회장을 모시고 필드에서 함께 플레이를 했단다. 임원 인사를 두어 달 앞두고 있을 때였다. "날 테스트한 거지요. 골프 매너가 좋은지 나쁜지, 골프장에서의 플레이 모습을 보고 임원을 시킬지 말지를 판단한 것이지요."

그는 좋은 평가를 받았나 보다. 두 달 후 임원으로 승진했고, 이후 승승장구했다.

고(故) 구본무 회장의 철학, 골프가 곧 사람이다

고(故) 구본무 LG그룹 회장의 '골프 면접'은 유명한 전설로 남아 있다. 임원 승진이나 주요 인재 등용을 앞두고 그는 꼭 곤지암CC로 당사자를 불러 직접 골프를 쳤다. 훗날 LG 사람에게 들은 얘기로는 구 회장이 꼭 골프 실력만 눈여겨본 것은 아니라고 한다. 트러블샷을 얼마나 정성껏 치는가, 벙커샷을 얼마나 신중하고도 과감하게 치는가, 플레이가 공격적인가 안정적인가, 거기에 전략이 따르는가 미흡한가 등을 총체적으로 살펴봤다고 한다. 쓸 만한 사람인가 아닌가 하는 문제는 구 회장 개인의 판단이라 그 기준을 알 순 없지만, 암튼 많은 이들이 골프장에서 공개적으로 이같은 테스트를 받은 것은 사실이다.

얼마 전 아내와 함께 곤지암 화담숲을 다녀왔다. 단풍을 기대했는데 아직 붉은 물결이 번지지 않아 아쉽긴 했지만 생전 구 회장의 숨결을 느낄 수 있었다. '화담(和談)'은 고인의 아호다. 고인은 화담숲을 사랑했고, 사람들에게 좋은 경치를 나누길 원했다. 입구 쪽 화담숲을 소개하는 푯말에 "이야기가 있는 숲, 화담숲에서 여러분의 몸과 마음에 건강과 행복을 가져가기 바랍니다"라고 적혀 있었다. 이것을 보니 생전 구 회장의 소박한 웃음이 떠오른다.

생전 구 회장과의 인연은 두어 차례로 기억된다. 그것도 지나가다 잠시 말을 건넸을 뿐이다. 한 번은 그의 회사에서, 한 번은 곤지암CC에서였다. 어느 날 곤지암CC에서 유명 화백과 같이 있는 그를 봤다. 인사를 건넸더니 서슴없이 받아준다. "골프장이 그림 같아요. 양잔디도 정말 좋고요"라고 했더니 "너무 파지 마. 잔디 푹푹 파지면 내 심장 떨어지는 것 같아"라고 농을 건넨다. 하긴 골프장 주인이니 잔디 하나 하나도 그에겐 소중했을 것이다. 그래도 대기업 회장이 이런 농담을 편하게 한다는 것은 쉽지 않은 일이다. 재벌답지 않은 이런 살가움이 있었으니 임원을 고를 때도 직접 이것저것 물어가며 골프 면접을 한 것이리라.

골프에서 리더십을 엿볼 수 있는 것은 인간의 도전과 한계, 그리고 흥분과 평정심을 극명하게 드러낼 수밖에 없는 게임이기 때문일 것이다. 언젠가 골프방송을 봤는데, 해설자가 이런 말을 한다. "최경주 프로한테 '벙커 어떻게 처리합니까'라고 물은 적이 있는데, 이렇게 말하더군요. '벙커는 빠지라고 있는 것 아닙니까'라고. 그냥 치면 된다고 하더라고요." 페어웨이는 페어웨이대로, 벙커는 벙커대로, 트러블샷은 트러블샷대로 자연의 순리대로 처리하면서 묵묵히 버텨나가는 것, 그게 골프라는 점을 그렇게 설명한 것 같다. 최경주야 골프 도를 터득한 초일류 골퍼니까 그렇게 쉽게 말할 수 있지만, 그게 어디 쉬운 일인가. 아무튼 골프에서 자연의 섭리를 따르는 인간의 내공을 엿볼 수 있는 것은 분명하다.

골프는 또 사람의 인격은 물론 다른 이를 행복하게 해줄 수 있는 능력을 갖췄는지 가늠해볼 수 있는 게임이기도 하다. 앞에서 거론한 모 기업 사장으로 퇴임한 분의 말에 따르면, 골프 실력 여부를 떠나 매너가 깔끔한 사람, 왠지 같이 있으면 기분 좋아지는 사람이 따로 있단다. 그 역시 그래서 "내가 (회장님으로부터) 골프 면접을 받은 것처럼, 나 역시 후배들을 뽑을 때 골프를 치며 유심히 어떤 사람인지 알아보려 애썼다"고 했다. 그와의 라운딩이 매우 즐겁고 유익한 기억이 빼곡했던 이유를 그말을 듣고 나서야 깨달았다.

그 사람을 알려면 함께 라운딩을 하라

리더십까지는 모르겠지만, 경험상 라운딩을 같이 하다 보면 그 사람이 어떤 사람인지 대충 알 수 있을 것 같기는 하다.

친하게 지내는 형이 있다. 후덕하고 사람 냄새 나서 대부분 좋아한다. 처음 만남은 골프장에서였다. 티오프 시간이 다가오는데 한 사람이 오지 않았다. 할 수 없이 세 명으로 출발했다. 서너 홀 지났을까. 한 사람이 카트를 타고 오다가 내리더니 헐레벌떡 달려온다. 죄송하다는 말을 연발하면서 말이다. 민망해할까 봐 "너무 서둘지 마시라"며 악수를 했는데 지독한 술냄새가 얼굴 쪽으로 확 몰려온다. 전날 사내에서 사장이 주재하는 중요 모임이 있어 참석치 않을 수 없었고, 술을 먹다 보니 늦잠을 자게 됐단다.

이해가 되는 일이다. 상사가 있는 자리를 골프 약속이 있다고 빠지고, 상사가 건네는 잔을 마다할 수는 없는 일이다. 사람 좋아 보여 말을 트게 됐고, 이후 친하게 지냈다. 그런데 한두 번이 아니었다. 골프 약속이든, 개별 저녁 약속이든 꼭 늦었다. 그에게 붙여준 별명이 '10분'이다. 만나기 전 기다리고 있으면 꼭 그에게 카톡이 온다. "10분 뒤 도착, 쏘리." 매번 이런 식이다. 친해진 다음이니까 이런 것은 봐줄 만한 일이다. 술 좋아하고 천성이 순박하니 약간의 결점은 이해해줄 수 있다. 그는 임원으로는 올라가지 못했다.

후배 하나 역시 그런 타입이다. 천성이 느리다. 클럽하우스에서 식사하기로 예정된 시간을 맞춘 적이 거의 없다. 티오프 시간 15분 정도를 남기고, 모두들 커피 한 잔까지 한 후 일어서려 하면 그제야 나타나곤 한다. 연신 고개를 숙이면서 말이다. 그렇다고 네 명이 출발할 시간에 영향을 주는 것은 아니지만, 남들은 가급적 일찍 만나 같이 밥을 먹고 경기 전 얘기꽃을 피우는데 매번 맨 뒤에 합류하는 것은 예의가 아니다.

어느 날, 따끔하게 충고했다. "클럽하우스에서 만나는 시간을 지키는 것도 골프 예의야. 다 친 후 같이 저녁을 하고, 각자 집으로 돌아갈 때까지 서로에게 최선을 다하는 것 그게 골프야." 그랬더니 머리를 긁적이며 "예. 잘 압니다. 근데 그게 잘 안 돼요. 꼭 늦게 되네요"라고 한다. 천성이 낙천적이라 그런가 보다 하고 넘어갈 수밖에……. 그 후배에겐 큰 일을 맡기지 않았다. 왠지 신뢰가 가지 않았다.

골프 책을 쓰면서 예전에 같은 출발선에 있었던 많은 이들을 떠올렸다.

그 옛날 함께 머리를 올린 이들, 도토리 키재기 경쟁하듯 매일 어울려 퍼팅 칼을 갈던 이들, 1000원 땄느니 잃었느니 가벼운 신경전을 벌이며 깔깔대던 이들, 이 골프 룰이 맞느냐 틀리느냐를 놓고 입에 거품을 물고 토론을 벌이던 이들, 그들은 다 어디에 가 있을까. 그들은 필드에서 그동안 어떤 인생을 배웠고, 어떤 리더십을 터득했고, 어느 정도의 내공을 연마했을까. 순간 궁금해진다.

16홀

골프에 대한
오해와 진실

어느 날 새벽. 출근하는 김에 음식
물쓰레기를 버리러 쓰레기장에 갔더니 대형액자 하나가 보인다. 누
군가 버렸나 보다. 그런데 시선을 확 사로잡는다. 웨딩 사진이다. 멋
진 드레스 차림의 여성과 턱시도를 쫙 빼입은 남성이 옆으로 서서
키스를 하는 장면이다. 그런데 눈길 가는 게 더 있다. 액자 위에 '이
것 내놓으신 분 경비실 연락 바람'이라는 쪽지가 붙어 있다.

한눈에 봐도 알겠다. 결혼 사진 액자를 함부로 버릴 사람은 없다.
이를 본 경비실 아저씨가 혹시 잘못 버린 게 아닌가, 이사를 가다가
혹 미처 챙기지 못한 것은 아닐까 해서 그런 메모를 남겼을 것이다.
그것이 아니라면 큰 액자의 경우 몇 천 원짜리 쓰레기 스티커를 붙
여서 처리해야 되는데, 그냥 몰래 버렸기에 경비실에 와서 돈을 내

라는 축구성 쪽지였을 게다. 암튼 출근길 택시 안에서 사진 속 커플의 사연에 대한 억측이 꼬리에 꼬리를 문다. 젊은 부부 같은데 대판 싸우고 한쪽이 성질을 내곤 사진을 냅다 던졌을까, 혹시 이혼한 뒤라 의미가 없어진 액자를 쓰레기장에 처박아 놨을까. 계속 머리를 굴리니 갑자기 피곤해진다.

새벽부터 괜한 추측으로 쓸데없이 남 걱정을 했다 싶다. 참 오지랖도 넓다 싶다. 인생 참 복잡하다. 어쩌면 그들로선 별것 아닌 것이고, 생면부지인 이로부터 괜한 오해를 받는 것일지 모르는데……. 그러고 보면 인생은 오해의 연속이다.

'오해'에 관한 한 정말 억울할 이가 있다. 예전에 사극 '정도전'이 인기리에 방영됐다. 조선 초 최고의 정치가를 재조명하는 사극에 팬들은 열광했다. 정도전은 조선 개국의 일등공신이자, 실세였다. 이성계를 도와 조선을 설계했고, 한양 천도를 통해 경복궁의 밑그림을 그렸다. 조선의 영구적인 번영을 위해 각종 법률 제도도 고안했다. 그런데도 이방원에게 죽음을 당했다. '죄인'이란 누명이 씌워진 채 말이다.

흥미로운 것은 그가 신원(누명에서 벗어남)된 시기다. 이방원 세력에 의해 축출된 그는 고종대에 이르러서야 신원됐다. 고려의 충신으로 역시 이방원에 의해 죽음을 당한 정몽주가 13년 만에 신원됐는데, 조선 설계자 중 한 명인 정도전이 억울함을 벗은 시기가 500년이 흐른 뒤라는 게 아이러니하다. 이유는 하나다. 정도전은 신권주의인 '재상제'를 주장했다. 재상제는 왕들에게 위협이 아닐 수 없는, 당시로선 파격적인 제도였다. 왕권주의가 지상과제였던 조선의 왕들에게는 고려 멸망 후 조선이란 새 왕조를 거부한 '역적(그들의 관점에선 그렇다)' 정몽주보다, 재상제를 주창한 정도전이 더 용서못 할 인물이었다는 뜻이다. 신원회복에 대한 역사적 관점으로 본다면 정도전이 이룩한 공로와 위상에 다소 오해 소지가 있을 법하다. 정도전으로선 억울할 일이다.

골프와 닮은 정도전의 더딘 '신원회복'

그런데 정도전 이상으로 '신원회복'이 더뎌 답답함을 토로하는 게 있다. 사람은 아니다. 바로 골프다.

그 옛날 목동의 놀이로부터 출발했다는 골프는 어느 순간 권력가의 전용 놀이가 되면서 '귀족만의 운동', '그들만의 운동'이라는 오명을 써왔다. 돈 많은 사람들끼리의 스포츠라는 부정적 이미지가 박힌 것이다. 현대에 이르러서도 골프는 그 불명예에서 그다지 벗어나지 못했다. 골프 하면 떠오르는 게 뭐냐고 물으면 '부자만의 운동'이라고 단언하는 이들이 의외로 많다. 그러면서 '나와는 상관없는 운동'으로 치부하곤 한다.

골프는 아무래도 서민이 자유롭게 접근할 수 있는 운동은 아니다. 돈 때문이다. '사람이 속이냐, 돈이 속이는 거지'라는 말대로 '돈'이라는 놈은 요물이다. 싫어하는 사람에겐 절대로 가지 않고, 좋아하는 사람 쪽으로만 간다. 부자, 가난은 그 요물이 친 장난의 결과물이다. 가난한 사람에게 골프는 아무래도 사치일 수밖에 없다.

맞다. 골프는 태생적으로 '돈 먹는 하마'다. 엄청난 돈이 드는 골프장 건설, 입문 과정에서 들일 수밖에 없는 비싼 비용, 플레이를 할 때마다 지불해야 할 고비용 등 골프 하면 돈을 떠나서 생각할 수 없다. 사람들이 대체로 골프장 하면 권력자 간의 은밀한 비밀회동, 향응과 접대, 냄새 나는 야합 등을 떠올리는 것은 이 때문이다. 게다가 이런 내용의 신(scene)이 담긴 영화나 드라마를 숱하게 봐왔기에 골프에 대한 부정적 인식은 그 색깔이 더욱 짙어졌을 것이다.

맞다. 사실 골프는 돈을 동반한다. 시간도 많이 잡아먹는다. 배우기도 쉽지 않고, 배웠다 하더라도 계속해서 돈과 시간을 투자해야 하는 운동이다. 그런대로 대중화됐다고는 하지만 여전히 골프가 눈총을 받는 이유다.

테니스 역시 돈이 적잖게 드는 게 사실이다. 비싼 레슨은 기본이고 좋은 라켓은 골프클럽 이상으로 비싸다. 축구나 야구 역시 돈이 들지 않는다고 할 수 없다. 축구 동호회에 들어가 회원들과 어울리다 보면 적잖은 돈을 투입해야 하고, 야구 역시 장비 구입 비용이 적은 것은 아니다. 그런데도 골프는 '돈 많이 드는 스포츠'의 대명사다. 수많은 세월 동안 오해와 진실의 정중앙에 놓여 있던 게 골프이고 보면, 그런 눈총은 골프의 숙명인지도 모른다.

  2000년대 초반의 박세리를 기억하는가. 양말을 벗고 한 발을 물 속에 넣은 채 날리던 그 샷을 기억하는가. 이 샷은 IMF 때문에 비롯된 국민의 설움을 한 방에 날려주는 샷이었고, 절망을 단숨에 쓰레기통에 버리고 희망을 쏘아올린 샷이었다. 동시에 골프 대중화를 알린 샷이기도 했다. 그때까지도 국민들은 골프를 '부정과 청탁의 대명사'로 여겨왔지만 박세리의 눈부신 투혼 덕분에 골프를 다시 보게 됐고, 결국 김대중 정부가 골프 대중화를 선언한 것이다.

  이후 30여 년 동안 골프 세상은 많이 변했다. 박세리의 '투혼 DNA'를 이어받은 수많은 태극낭자들이 LPGA를 휩쓸었다. LPGA 대회에서 한국 선수가 우승하는 것은 예삿일이 됐다. 오히려 미국이나 다른 나라 선수가 우승하면 이상할 정도로 LPGA 무대는 한국선수의 독보적인 마당이 됐다. 30여 년 동안 골프 팬 역시 급증했다. 아이돌 팬 못잖은 규모의 팬을 거느리며 사랑받는 골퍼도 많아졌다. 골프에 대한 우호적인 시각 역시 늘어났다.

  하지만 적어도 수백 년 이상 낙인 찍혀온 골프에 대한 주홍글씨는 쉽게 지워지지 않는 것 같다. 사람들은 세계 프로골프대회에 열광하면서도 골프장에서 있을지 모를 부정과 은밀한 야합에 대한 경계의 시선을 거두지 않는다. 골프 입장에선 정말 억울할 수도 있겠다. 골프에 대한 오해와 편견을 깨고 그 진실을 향하는 작업은 그래서 그만큼 고행일 수밖에 없을 것이다.

골프라면 질색했던 이, 골프광 되다

한 선배가 있었다. 왜 그런지 몰라도 골프를 싫어했다. 골프 얘기만 나오면 침을 튀겨가며 무조건 욕을 했다. 골프 치는 사람은 그에겐 비판 대상이었다. 그는 골프가 태생적으로 싫다고 했다. 아니, 경멸한다고 했다. 그렇게까지 말할 필요가 있을까 할 정도로 질색했다. 골프에 뭔가 맺힌 게 있구나, 이런 생각을 들게 했다. 그가 언젠가 말했다. "골프 치는 것은 반사회적이야. 서민들 빼고 '끼리끼리' 야합하는 거지. 돈 좀 있다고 자랑하는 사람들끼리 그렇고 그런 것 아니겠어?"

그 선배는 산을 좋아했다. 사랑한다고 했다. 산 타는 능력도 비상했다. 다람쥐처럼 오르내렸다. 본인 입으로도 자신을 산사람이라고 했다.

그런데 어느 날 귀를 의심할 만한 소리가 들려왔다. 그 선배가 골프에 푹 빠졌다는 것이다. 한마디로 골프광이 됐단다. 산 대신 매주 주말 필드에 나간다고 했다. 실력도 꽤 좋단다. 그럴 리가. 갑자기 궁금해졌다. 연락을 했고, "골프 싫다더니 요즘 빠지셨다면서요"라고 단도직입적으로 물었다. 답은 이랬다. "글쎄 말이야. 해보니 좋더라고. 나한테도 맞는 운동이더라고. 언제 같이 한번 치자고."

오해는 풀라고 있고, 진실은 밝히라고 있는 법이다. 인생을 살면서 가장 피곤한 일이 '사람 관계'다. 좋은 사람하고만 어울릴 순 없다. 싫은 사람도 만나야 하는 게 인생이다. 속으론 싫어도 겉으론 좋은 척, 속으론 슬퍼도 겉으론 즐거운 표정을 지어야 한다. 그 관계 속에서 불필요한 오해는 어쩔 수 없이 생기기 마련이다. 태어난 때가 다르고, 살아온 삶이 다르고, 가치관이 다른 사람들인데 모두 한 마음일 순 없다. 다양한 인간 군상 속에서 그렇게 얽히고설키다 보면 반드시 '오해'라는 놈은 툭 튀어나오기 마련이다. 바라지 않는 일이지만 말이다.

오해가 클수록 사람들은 진실을 추구한다. 오해 탓에 심리적 고통을 받아온 사람일수록 진실을 갈구하는 법이다. 그렇다고 오해가 쉽게 풀리면서 진실을 향해 일사천리 달리는 것은 보기 드물다. 풀려고 노력하면 할수록 점점 더 복잡해지는 게 오해의 속성이다. 오해를 풀려면 직접 경험할 수밖에 없다. 골프에 대한 오랜 오해를 풀고 골프광이 된 그 선배처럼 말이다.

그렇다고 오해가 나쁜 것만은 아니다. 오해를 받고 즐거웠던 기억도 있다.

언젠가 학교 친구를 거의 30년 만에 만났는데, 명함을 주자마자 들려온 목소리는 이랬다. "야, 너 학교 다닐 때부터 의식이 있었다고 느꼈는데, 기자 됐구나." 무슨 말인가 싶었다. "왜 그때 있잖아. 평화의 댐 성금 걷는다고 난리칠 때……. 너는 끝까지 안 냈잖아. 그때 너 멋있었어."

아, 생각난다. 그 일을 말하는 거구나. 1987년으로 기억한다. 당시 전두환 정권은 북한이 거대한 금강산댐을 세웠고, 이 댐을 무너뜨리면 서울이 물바다가 될 것이라고 발표했다. 뉴스에서는 댐이 터지면 서울로 밀려온 물이 여의도 63빌딩 중간까지 찰 것이며, 말 그대로 서울은 수장될 것이라고 호들갑을 떨었다. 전두환 정권은 이를 막을 평화의 댐을 만든다고 했고, 이에 국민성금을 걷었다. 당장 수장될 것이라는 소식에 사람들은 놀랐고, 불타는 애국심이 일면서 돈을 기꺼이 냈다. 아마 초등학생은 물론 일반 성인까지 전 국민에게 돈을 걷었을 것이다.

하지만 나중에 이는 대국민사기극으로 판명났다. 김영삼 정부 시절인 1993년 평화의 댐 관련 감사원 조사에서 전두환 정권이 북한의 수공 위협과 피해 규모를 크게 부풀린 것으로 드러났기 때문이다. 당시 전두환 정권은 대통령 직선제 요구에 시달렸고, 이를 피하려고 이런 사기극을 연출한 것으로 결론냈다. 당시 내가 다니던 학교에서도 성금을 걷었다. 모두들 냈는데, 나는 안 냈다. 과 대표는 나만 보면 돈 달라고 쫓아다녔지만, 결국 난 내지 않았다. 나중에 과

대표 녀석은 "우리 과에서 성금 안 낸 사람은 너밖에 없어"라고 툴툴거렸다. 그걸 그 친구는 기억했고, 나중에 그런 날 떠올릴 때면 의식이 있는 친구였구나 하고 생각했던 모양이다. 그건 그 친구의 오해였다. 의식은 개뿔, 난 그때 돈이 없을 뿐이었다. 아니, 돈이 있어도 막걸리 사 먹는 데 쓰지 그런 것에 낼 돈이 어딨냐는 게 당시 나란 놈의 사고였다. 그런 생각으로 평화의 댐 성금을 끝까지 내지 않고 거부한 것이다. 그런 나를 의식 있는 놈으로 여겼다는 그의 30년간의 오해, 기분은 전혀 나쁘지 않았다.

이웅평, 아직도 궁금한 그때의 진실

이번에는 오히려 내가 진실을 찾고 있는 경우다. 지금도 그때의 진실을 잘 모르겠다. 1983년 4월로 기억한다. 봄날이었다. 그날 여의도광장에는 수백만 명(훗날 뉴스에선 130만 명이라고 했다)이 몰렸다. 학생들은 물론 아저씨, 아주머니, 할머니, 할아버지까지 구름같이 모여들었다. 지금까지 그렇게 많은 사람들이 한 떼로 있는 것을 본 적이 없다. 월드컵 응원단, 광화문 촛불, 탄핵 촛불, 조국사태 촛불시위 등을 봐왔지만, 그때보다는 많지 않았던 것 같다.

나는 그중 하나였다. 학교에서 차출된 것이다. 명목은 '이웅평 환영회'라고 했다. 두어 달 전 북한에서 이웅평(대위)이라는 사람이

미그19기를 몰고 남하했고, 귀순했다. 북한군 장교가 비행기를 몰고 한국 품에 안겼으니 당시 정부로선 대북관계에서 주도권을 잡는 데 호재가 아닐 수 없었을 것이다. 그리고 이를 대대적으로 알릴 필요가 있었을 것이다. 자유대한민국을 연호하면서 말이다. 여의도광장에서 사상 최대 규모로 열린 환영식의 배경은 이랬다. 정부는 그때 이웅평에게 정착금으로 어마어마한 돈을 줬을 게다.

그 얘기를 하려는 것은 아니고, 암튼 그날은 비가 엄청 쏟아졌다. 봄비였다. 장대비를 흠뻑 맞으며 '이웅평! 이웅평!'을 외쳤다. 나도, 옆사람도, 군중 모두 온몸이 젖었다. 그래도 이웅평을 목놓아 소리쳤다. 그날 여의도 일대 교통은 마비됐다. 당연한 일이었다. 걸어서 돌아올 수밖에 없었다. 마포대교를 건널 때는 걷는 게 걷는 것이 아니었다. 수많은 인파 속에서 그냥 뒷사람에 떠밀려 엉금엉금 발을 옮겼다는 게 정확한 표현일 것이다. 겨우 서울역 근처에 도달했을 때 파김치가 됐다. 거기서 간신히 버스를 타고 돌아왔던 게 기억난다.

그러고 보니 앞의 평화의 댐 사례와 같이 이것도 전두환 정권 때의 일이다. 이날의 개고생은 쉽게 잊히지 않았다. 일면식도 없는 이웅평이란 사람을 환영한답시고 왜 그 거대한 군중이 폭우 속에서 떼창 해야 했는지 역사적 실체에 궁금증이 남은 채 말이다. 그러고 보면 쓸데없는 진실 찾기에 두리번거리는 게 인생이다 싶다.

골프 얘기로 가보자. 개인의 인생이 이렇듯 '오해와 진실'에 대한 반복인 것처럼 골프도 마찬가지다. 수많은 사람이 골프에서 비롯된 오해로 다쳤고, 상처받았고, 망가졌다. 지금 여당의 수장인 이해찬 더불어민주당 대표가 대표적이다. 이해찬 대표는 골프를 사랑하는 정치인으로 유명하다. 정치인이라고 골프 좋아해선 안 된다는 법은 없다. 가끔 그 사랑이 지나쳐서 문제지만 말이다.

노무현 전 대통령은 대통령에 당선되자마자 '행정의 달인'이라고 하는 고건을 총리로 발탁했다. 노 전 대통령은 어느 날 혜성같이 나타나 중앙무대를 사로잡은 뒤 대권에 성공한 입지전적인 인물이었다. 하지만 기반이랄 수 있는 친노그룹의 위세는 아직 약했다. 노 전 대통령은 그래서 포용의 필요성을 느꼈다. 고건을 첫 총리로 임명한 것은 그래서였다. "전 총리 지명을 완강히 고사했습니다. 그런데 노 당선자(노무현 대통령)가 '제가 뭉돌(바닷가에 있는 주먹 크기만 한 딱딱하고 검은 돌. 경남 지방의 방언)처럼 생긴 돌이라면 총리는 그 돌을 잘 받치도록 나무받침대처럼 안정적인 사람이어야 짝이 잘 맞다'며 한사코 총리를 하시라고 말했죠. 그래서 총리를 하게 된 겁니다." 고건 회고록에 나오는 이 이야기에는 그가 총리를 맡게 된 사연이 그려져 있다. 자신을 투박한 뭉돌에 빗대면서 그걸 세련되게 보완해줄 이가 필요하다며 고건에게 러브콜을 보낸 것이다.

고건은 이렇게 참여정부 초대 총리가 됐지만, 둘의 궁합은 별로 잘 맞지 않았다. 고건 이후 노 전 대통령이 총리로 임명한 이가 바로 이해찬이었다. 노 전 대통령으로선 큰 기대를 한 인물이었을 것이다. 그런 이해찬이 '3·1절 골프 파문'으로 1년 8개월 만에 사퇴한다. 이해찬은 2006년 3월 1일 부산의 기업인들과 라운딩한 사실이 들통나면서 여론의 뭇매를 맞았다. 골프를 친 날이 국경일이라는 점도 작용했지만, 그날은 철도파업이 시작된 첫날이었다. 철도파업 문제를 챙겨야 할 총리가 골프를 쳤다는 사실에 언론은 흥분했고, 국민들 사이에서도 사퇴론은 순식간에 불붙었다.

앞서 이해찬은 수해 골프 논란을 빚은 바 있기에 이것에 더해 괘씸죄가 적용된 것이다. 결국 이해찬은 대국민사과와 함께 총리직을 내려놔야 했다. 훗날 이 대표는 이것에 대해 정말 억울하다고 몇 번이고 말했다. 당시 언론의 마녀사냥이었다는 것이다. 이것 역시 오해와 진실 측면에서 명확하게 정리되지 않았다고 본다.

골프 때문에 망신살이 뻗친 이도 있다. 유명 정치인이었던 A씨다. A씨는 사람 좋은 정치인으로 꼽혔다. 그는 술을 사랑하는 이다. "폭탄주, 그 원조가 바로 저 아닙니까." 언젠가 사석에서 그를 만났을 때 첫마디는 그랬다. 그러곤 계속 폭탄주를 만들었고, 원샷으로 들이켰다.

그런 그 역시 골프를 사랑하다 보니 뒷말을 많이 들었다. 북한이 로켓을 쏜 2009년 어느 날 그가 골프장에 있었다는 사실이 드러나면서 비판이 일었고, 2014년에는 라운딩을 하다가 캐디를 강제추행

했다는 혐의로 기소되기까지 했으니 골프 하면 진절머리 날 법하다. 그와 몇 번 술을 마셨는데, 맨 처음 봤을 때처럼 계속해서 폭탄주를 만들었다. 폭탄주 하나면 사람 마음을 얻을 수 있다고 믿는 사람처럼 보였다. 폭탄주 대여섯 잔 들어가면 그는 한 말을 또하고 또 했다. 그렇게까지 싫지는 않았다. 그저 애잔했다.

그가 악한 사람이라고 보진 않는다. 사시 패스에다가 검사까지 하고 장관까지 역임한 수재에 엘리트 소리를 들었던 그다. 술이 원수라고, 술은 한 개인의 젊은날의 총기와 명석함을 조금조금씩 그렇게 빼앗아 갔을 것이다.

골프 때문에 망신살 뻗친 이는 한두 명이 아니지만, 이쯤에서 생략하자. 그들 나름대로의 이유가 있을 것이다. 그것에 대한 오해와 진실 역시 그들만이 알 것이다.

골프가 만만하니? 골프금지령의 역사

골프는 이처럼 사람을 가끔 용서받지 못할 처지까지 내모는 비정한 운동이다. 타이밍을 잘못 맞추면 신세까지 망치게 하는 매몰찬 운동이다. 역대 정부와 최고권력자가 골프를 경계한 것은 이 때문일 것이다.

역대 정부의 골프 역사는 파란만장하다. 김영삼 전 대통령은 골프와 담을 쌓았다. 공직자들에겐 골프를 치지 말라고 금지령을 내렸다. 골프를 부정청탁의 온상으로 여긴 것이다. 김대중 전 대통령은 골프를 일부 허용했다. 근무시간이 아니라면 직접 일과 관계가 없는 사람과는 골프를 쳐도 좋다고 했다. 물론 자기 돈으로 말이다. 박세리의 빛나는 LPGA 우승과 연결된 '골프의 재발견'이라는 사회적 분위기 속에 골프 대중화를 선언한 이가 바로 DJ였다. 그런 시대적 흐름을 반영한 것이었다. 이명박 전 대통령은 역시 비즈니스맨다웠다. 집권 초기에는 경제가 안 좋다며 골프자제령을 내렸지만, 나중엔 국내에서 골프를 치면 경제에 도움이 된다며 골프를 쳐도 좋다는 해제령을 내리기도 했다.

사실 정권에 따라 골프를 쳐라, 치지 말라는 지침을 주는 것은 웃긴 일일 것이다. 골프를 치는 것도 안 치는 것도 자기 권리인데 그걸 정부가 간섭하는 것은 민주주의가 아니다. 그런데 어쩌랴. 현재까지도 골프에 관한 한 청와대나 민정수석실 눈치를 보는 게 대한민국 리더들의 현실이다. 골프는 그만큼 귀족놀이, 사치놀이라는 인식이 강하기 때문이다.

비단 우리나라만이 아니다. 중국 역시 그렇다. 중국에서도 골프는 '부패의 산실'이라는 이미지가 강하다. 중국에선 골프를 한때 '녹색 아편'이라고 불렀다. 아편 하면 몸서리 칠 정도의 상처를 안고 있는 중국이 골프를 그것과 연관해 취급한 것을 보면 대중의 시선이 얼마나 싸늘한지 짐작이 된다. 물론 이런 분위기는 중국 지도자가 조성한 것이다. 중국에선 골프를 부르주아 스포츠로 여겼고, 오늘날까지 이런 인식은 여전하다.

마오쩌둥(毛澤東)은 골프를 중국을 망치는 해악으로 봤다. 자본주의의 산물인 골프가 대륙에서 횡행하면 집권에도 좋지 않을 것이라고 판단했다. 그의 시각에서 골프는 '부르주아의 방종', '백만장자를 위한 운동'이었다. 그래서 그는 1949년 골프금지령을 내렸다. 이 금지령은 1980년대까지 이어졌다. 골프해금령이 내려진 것은 덩샤오핑(鄧小平) 집권 때다. 그는 골프를 해외 투자 유치 수단으로 활용했다. 그에겐 돈이 된다면 골프쯤은 얼마든지 허용할 수 있는 대상이었다. 이때 골프장을 처음 개장했고, 이후 골프장 수는 늘어났다.

중국에선 "앉아서 하는 것 중에서는 마작, 서서 하는 것 중에서는 골프가 제일 재미있다'는 말이 있는데, 이때 나온 말이라고 한다. 하지만 현재의 중국 지존인 시진핑(習近平)은 골프를 탐탁치 않게 여긴다. 그가 골프를 치는지 안 치는지는 잘 모르겠지만, '부패와의 전쟁'을 정치적 입지 강화에 활용하는 이상 골프는 한동안 푸대접을 받을 수밖에 없어 보인다.

이렇듯 골프가 한 나라의 지도자에 의해 울고 웃는다는 현실이 아이러니하다. 그러나 그게 골프의 현주소인 것을 어쩌겠는가.

그러고 보면 '모든 게 자유롭다'는 미국에서도 지도자의 골프에는 엄격함을 요구하는 게 흥미롭다. 오바마 전 대통령은 골프광으로 알려져 있다. 그런 그에게도 따가운 눈총이 뒤따랐다. 2012년 5월 26일 미국의 한 언론은 오바마 당시 대통령이 골프를 친 사실을 거론하며 비꼬았다. 미국은 그날 '메모리얼 데이'였다. 우리의 현충일에 해당한다. 호국영령을 추모해야 하는 날에 골프를 쳤다는 것을 언론이 비판한 것이다.

이에 다른 언론은 오바마가 백악관에 들어온 후 메모리얼 데이 골프를 포함해 98번째 라운딩을 가졌다고 꼬집었다. 이 언론은 "골프 핸디캡 17인 오바마 대통령이 보는 눈을 피해 워싱턴DC 근교 군기지에서 골프를 즐기고 있다"는 사실을 덧붙여 폭로했다. 지독한 골프광인 오바마의 입장이 난처해졌음은 물론이다. 오바마 대통령은 그날 그냥 놀았던 것이 아니다. 분명 공식적으로 메모리얼 데이 행사를 소화했다. 다만 그 행사가 끝나자마자 곧바로 골프장에 간 것이다. 엄밀히 말하자면 할 일은 하고 놀이를 즐긴 것이다.

이런 오바마를 두고 여론은 양분됐다. 한쪽에선 대통령이라도 업무가 끝나면 즐길 권리가 있다고 옹호했고, 다른 한쪽은 그래도 지도자는 절제해야 한다고 맞섰다. 자유에 관한 한 한없이 관대한 미국이라 할지라도 대통령이 골프를 치는 것은 여전히 민감한 사안이라는 것을 보여주는 대목이다. 골프에 대한 오해와 풀리지 않는 진실은 미국에서도 동일하게 적용되는 것이다.

골프에 대한 불멸의 시각, 내로남불

그렇지만 당당하게 골프를 외교에 활용하는 이가 있으니 바로 아베 신조 일본 총리다. 한일 갈등 국면에 한국인에게 '공공의 적'으로 떠오른 아베의 골프 사랑은 오바마 못잖다. 흥미로운 것은 그는 미국과의 외교에 골프를 적극적으로 활용하고 있다는 점이다. 아베는 도널드 트럼프 미국 대통령과 외교상 열 차례 이상 만났는데, 그중 함께 골프를 다섯 번 쳤다. 온몸이 비즈니스맨 감각으로 똘똘 뭉친 골프광 트럼프를 골프장으로 불러내 그가 어떤 '짝짜꿍'을 보였을지는 말 안 해도 짐작이 간다. 그런데 일본 언론에서 이를 비판하는 시각은 찾아볼 수 없다. 일본 역시 정치인의 골프에 대해 곱지 않은 시선이 존재하는 나라인데, 자국에 이익이 된다며 아베의 골프에는 우호적인 편이다. 아예 양 정상의 공통 취미인 골프를 통한 친선외교라고 대놓고 그 의미를 부각하기도 한다. 국익 앞에 똘똘 뭉치는 일본인의 기질은 낯 간지럽지만, 조금 부럽기도 하다.

도끼자루 썩는 줄 모를 정도로 한 번 재미 붙이면 홀딱 빠져들 수밖에 없다는 골프. 이것은 어쩌면 이렇듯 천덕꾸러기 운명을 타고 태어났는지 모른다.

사실 골프금지령의 원조는 역사를 한참 거슬러 올라간다. 1457년 스코틀랜드 왕이었던 제임스 2세는 역사상 최초로 골프금지령을 내린 이다. 이는 스코틀랜드 국회 기록에 공식적으로 남아 있다고 하니, 증거도 명확하다. 당시 스코틀랜드에는 골프 광풍이 불었다. 남녀노소 할 것 없이 누구나 골프를 좋아했다. 심지어 군대에도 골프가 횡행했다. 나라를 지켜야 할 군인들이 골프에 빠져 헤매고 있으니 좋아할 왕이 어디 있겠는가. 제임스 2세는 '국가 안위' 명목으로 이에 골프금지령을 내린 것이다. 마치 술독에 빠진 국민들 탓에 나라가 황폐해진다며 금주령을 하달했던 그 옛날 황제들처럼 말이다. 적당한 음주와 주색잡기 음주 사이에서 질곡의 역사를 거쳐온 술과 건전한 놀이와 방탕한 놀이의 사이에서 수난을 겪어온 골프는 그러고 보니 묘하게 닮았다. 오해와 진실이라는 측면에서 지구상에서 할 말이 가장 많은 것을 꼽으라면 그래서 골프와 술일 것이다.

골프는 문명인이 향유할 수 있는 가장 위대한 스포츠로 여겨져 왔다. 동시에 계층 간 위화감을 조성하는 '불량 스포츠'로도 불려왔다. 골프가 대중화되면서 진입장벽이 다소 낮아졌음에도 불구하고 긍정론 못잖은 부정론이 아직 여전한 것이다. 골프의 수난사가 현재 진행형일 수밖에 없는 까닭이다.

과연 골프는 오해와 진실 사이에서 영원히 방황할 수밖에 없을 것인가. 현재까지의 답은 '아무도 모른다'다. 아, 아니다. 정답이 있을 수는 있겠다. 한때 유행했던 단어, 얼마 전 또다시 부활한 단어인 '내로남불(내가 하면 로맨스, 남이 하면 불륜)', 그게 골프에 대한 사람들의 확고한 시각일 수 있겠다.

17홀

남다른 철학과
매너,
그러니까 프로다

　　　　　　　　　　　2019년 11월에 열린 LPGA투어
CME 그룹 투어 챔피언십(총상금 500만 달러). '빨간 바지의 마법사'
김세영이 4라운드 마지막날 18번홀에 섰다. 공은 홀에서 8미터 떨
어졌다. 비교적 먼 거리도 거리였지만, 라이가 어려웠다. 호흡을 한
번 한 김세영은 공을 세심하게 굴렸다. 너무 왼쪽을 바라봤다 싶었
다. 그런데 공이 홀컵 30센티미터 근처에서 거의 90도 꺾이며 홀쪽
으로 방향을 바꿨다. 그러곤 홀에 들어갔다.

　버디였다. 우승이었다. 사흘 내내 선두를 달리던 김세영은 이날
하마터면 우승을 놓칠 뻔했다. 2위로 쫓아오던 찰리 헐(잉글랜드)의
뒷심이 무서웠다. 그는 마지막 3개홀에서 잇따라 버디를 기록했고,
김세영과 공동선두를 형성하면서 앞서 경기를 마친 상태였다. 김세

영이 마지막홀에서 버디를 못 했다면 연장까지 가야 하는 승부였다.

이 우승으로 김세영은 LPGA투어 10승이라는 영예를 안았다. 박세리(25승), 박인비(19승), 신지애(11승)에 이은 대기록이었다. 기록도 기록이었지만, 상금이 대단했다. 우승 상금은 무려 150만 달러(약 17억6000만 원)였다. 역대 여자골프 사상 최다 액수다. US오픈 우승 상금 100만 달러보다 50만 달러 더 많았다. 그러니 마지막 버디샷 하나의 가치가 17억 원을 넘은 것이다.

흥미로운 것은 김세영은 마지막 샷을 할 때까지도 찰리 헐과 공동선두였다는 것을 몰랐다는 점이다. 경기를 마친 그는 "(찰리 헐 점수를 몰랐기에) 투 퍼트로 파만 하면 될 줄 알았다"고 했다. 그때까지 리더보드를 보지 못했고, 버디를 하지 못하면 연장전에 갈 수 있는 상황이라는 것을 알지 못했다는 뜻이었다. 만약에 그런 긴박한 순간이었음을 알았다면 결과는 어땠을까. 누구보다 강심장을 지닌 드라마틱한 승부사인 그이기에 역시 짜릿한 버디샷을 보여주었을 것이다.

김세영이 극적 승부사라는 것은 정평이 나 있다. 18번홀 버디샷을 기록하자 해설자는 "김세영 선수는 항상 극적인 승부를 보여주네요"라고 했다. 옆의 또다른 해설자는 "네. 김세영 선수 경기에는 특별한 게 있죠"라고 했다. 골프계에선 이렇듯 김세영에게는 마법을 스스로 연출하는 힘이 있다고 믿는다.

17억 원짜리 버디샷, 무심타가 낳았다

하지만 "여기서 버디를 못 하면 연장전에 가야 한다. 내내 선두를 달렸는데 연장전에 간다면 질 수도 있다"는 마음이 든 순간, 천하의 김세영도 긴장할 수밖에 없었을 것이다. 많은 선수들이 리더 보드를 거들떠보지 않고 자기 플레이만 집중하곤 하는데, 그 이유가 바로 여기에 있다. 남의 점수를 보면 의식하지 않을 수 없고, 사람인 이상 때론 흔들릴 수밖에 없다. 상대방의 기록에 연연하지 않는 상태에서의 평정심, 그게 '17억 원짜리 버디'를 탄생시켰다고 난 본다.

골프에서의 평정심은 이렇듯 매우 위력적이다. 그리고 이 평정심은 골퍼들의 중요한 골프 철학이기도 하다. 프로들의 철학을 따라가 보는 것은 그래서 흥미로운 일이다. 거기에 우리 인생에 대한 교훈과 시사점이 담겼다는 점에서 더욱 그렇다.

프로골퍼는 아니지만, 이들 이상으로 골프를 사랑한다는 사람이 있다. '코리안 특급', '한국인 최초 메이저리거', 이 두 단어를 내밀면 금방 떠오르는 이다. 박찬호다. 우리로선 넘사벽(아무리 노력해도 도저히 넘을 수 없게 느껴지는 대상을 뜻함)으로 여겨지던 꿈의 무대인 메이저리그에 진출해 한국인의 저력을 당당히 입증하며 국민들을 열광시켰던 바로 그 박찬호다.

박찬호는 당시 LPGA 우승으로 국민들에게 힘이 됐던 박세리와 함께 '국민 남매 영웅'으로 불리며 그 시대를 풍미했다. 지난 2000년이었다. 당시 다니던 회사에는 2층에 휴게실이 있었다. 그렇지만 자주 이용할 순 없었다. 업무 중 휴게실에 오래 있으면 아무래도 상사들이 눈총을 주기에 가더라도 잠시 앉았다 곧바로 엉덩이를 떼곤 했다. 다들 그런 입장이라 평소 휴게실은 한산했다. 그런데 박찬호가 한 번 뜨면 상황은 180도 달라졌다. 박찬호가 메이저리그 경기에 출전하는 날이면 사람들은 구름같이 휴게실로 몰렸다. 휴게실 한쪽에는 텔레비전이 있었다. 박찬호가 삼진을 잡으면 환호성이 터졌고, 홈런이라도 맞으면 신음소리가 흘러나왔다. 박찬호의 공 한 개 한 개에 그렇게 웃고 울었던 것이다. 재미있는 것은 휴게실에 자주 간다고 구박하던 상사들도 죄다 휴게실로 몰려나와 박찬호를 응원했다는 점이다. 지금 생각해보면 박찬호 때문에 업무 속도는 많이 늦어졌을 게다.

이런 박찬호를 모처럼 봤다. 화면 속에서다. 어느 날 '집사부일체'란 프로그램을 보니 박찬호가 등장한다. 박찬호가 모교인 공주고를 찾아 야구부 후배 선수들과 만나 그가 젊은 날 연습하던 옛 동네로 데리고 가는 장면이 인상적이었다. 박찬호는 그 동네 계단을 토끼뜀을 하며 올라갔다고 한다. 걸어서 집까지 오른 적이 없다고 했다. 그의 굳건한 하체 힘은 그렇게 길러졌을 것이다. 그 훈련은 훗날 IMF 극복의 국민영웅으로 부상하는 원동력이었을 게다.

여기서 박찬호를 등장시킨 것은 골프와 연관 짓기 위해서다. 박찬호가 사랑하는 것은 당연히 야구지만, 골프에 대한 애정도 야구 못잖다고 한다. 필드에서 그는 고수 실력을 갖췄다. 2018년 태안에서 열린 한 프로경기에서 그는 셀러브리티(유명인사) 자격으로 출전을 했고 프로 못잖은 실력을 발휘했다는 뉴스를 본 적이 있다. 특히 장타가 일품이라고 한다. 대회 개막전에 앞서 열린 장타 대결에서 허인회, 이승택 등 내로라하는 프로 세계의 장타자보다 더 멀리 쳐(331야드) 우승을 차지했다고 하니 그 괴력에 놀라지 않을 수 없다. 헉헉대며 계단서 토끼뜀을 뛰었을 고교시절을 연상하면 고개가 끄덕여지지만 말이다.

박찬호는 이처럼 골프 실력도 좋지만, 골프에 대한 나름의 철학을 갖췄다. 그는 평소 골프와 야구가 비슷하다고 얘기한다. 일단 움직이지 않는 과녁을 향해 공을 보내는 것이 똑같고, 생각이 많으면 망가지는 공통점이 있단다. "타자가 잘 치는 선수고, 스타일이 어떻고 이런 다른 생각을 하다 보면 공을 더 세게 던지려다 실수가 나옵니다. 골프도 연습한 대로 치면 되는데 괜히 해저드나 벙커를 생각하고, 스코어를 보고 이러면서 생각이 바뀌어 미스샷이 나오는 것 같아요." 그의 말이다.

겸손도 그가 강조하는 골프의 철학이다. "1번홀 버디를 하면 그 다음부터 갑자기 '겸손'이라는 게 없어집니다. 그러면 그날 플레이 결과는 좋지 않습니다."

야구도 잘했지만, 이렇듯 골프에 대한 자신만의 철학을 확고히

지니고 있는 그이기에 알찬 인생을 살아온 것이 아닐까 한다.

게으른 천재 허인회를 좋아하는 이유

골프 선수까지는 아닌 박찬호가 그럴진대 프로골퍼라면 훨씬 더 남다른 골프 철학이 있을 것이다. 몇 명을 소개해보자.

'게으른 천재'로 불리는 허인회가 일단 머릿속에 떠오른다. 내가 좋아하는 골퍼다. 참 자유로운 사고를 가졌다. 행동 역시 톡톡 튄다. 언행도 거침이 없다. 노란 머리로 염색하고 스포츠카와 오토바이 레이싱을 즐기는 등 강한 캐릭터를 지닌 그를 골프계에선 '괴짜'로 칭한다. 그런데도 밉상은 아니다. 귀엽기까지 하다. 그만의 독특한 플레이가 이런 느낌을 주는 것이다.

내가 허인회 팬이 된 것은 그의 천재적인 감각도 감각이지만, 철학이 자유로워 보여서다. 일반적으로 상금을 위한 플레이를 펼치는 다른 프로와 달리 그는 욕심이 없어 보인다. 그냥 플레이를 즐기는 것 같다. 아쉽게도 허인회와 라운딩하는 행운은 잡아보지 못했다. 다만 그와 라운딩한 이에게 귀동냥한 것에서 허인회의 골프 철학을 엿볼 수 있었다. 허인회는 퍼팅 때 이리 재고 저리 재고 하지 않는단다. 다른 프로가 라이를 세심히 살펴보는 것과 다르다. 아마추어가 보기에도 대충대충 치는 것으로 보인단다.

"너무 재는 것 저 잘 못해요. 연습도 별로 안 합니다. 그냥 감으로 치는 거죠." 그런데도 기가 막히게 공이 들어간다. 골프 천재인 것은 분명하다는 느낌을 받는단다. 이래서 그가 게으른 천재로 불렸는지도 모른다.

허인회의 플레이가 '모 아니면 도'인 것은 맞다. 그는 파4홀과 파5홀에서 우드나 아이언 티샷을 하지 않기로 유명하다. 꼭 드라이버를 고집한다. 사실 코스가 어려운 곳에서 프로들은 종종 거리보다 방향을 맞추려 드라이버를 접고 우드나 아이언을 택한다. 거리보다는 안정성을 위한 것이다. 그런데도 허인회는 무조건 드라이버다. OB라도 나오면 치명적인 상황에서도 오로지 공격적으로 임한다. "남들이 너무 공격적이라고 얘기들 하곤 해요. 하지만 우드나 아이언 티샷도 실수가 나오는 건 매한가지 아닙니까." 그가 내놓은 독특한 골프 철학이다.

바둑으로 따지면 공격바둑이다. 바둑 프로 기사 유창혁은 한때 '세계 최고의 공격수'라고 불렸다. 그러다 보니 대마 사냥은 그의 전매특허가 됐다. 유창혁 팬이 많은 이유가 여기에 있다. 수비형보다 시원시원한 공격형이 아무래도 인기가 높은 것이다. 허인회는 이런 점에서 유창혁을 닮았다. 물론 공격 일변도는 허점이 생기기 마련이다. 공격바둑을 두다 상대방 돌 사냥에 실패하면 패자가 될 확률이 높듯, 골프에서도 공격 일변도의 플레이는 그만큼 미스 확률이 높아진다. 그런데도 공격골프 스타일을 고집하는 허인회는 참으로 매력적인 대상이 아닐 수 없다.

박세리 이후 한국 여자 골퍼 중 단연 돋보인 선수는 박인비였다. 박인비의 성적은 대단하다. 박인비는 10년간 메이저대회에서 여섯 차례나 우승했다. 이를 포함해 LPGA투어 18승을 기록해 '골프여제' 라는 닉네임을 얻었다. 그는 세계 최초로 골든 커리어 그랜드슬램 (한 해에 4대 메이저 대회 우승을 뜻하는 그랜드슬램과 올림픽 금메달을 뜻하는 골드의 합성어) 주인공이니, 위대한 골퍼로 불릴 만하다. 박인비는 강심장을 타고났나 보다. 심각한 위기 앞에서 절대 흔들림이 없다. 바둑으로 따지면 이창호 프로와 같은 평정심을 갖고 있으니, 어쩌면 박인비를 '필드의 돌부처'라 불러도 손색이 없을 것이다.

숙명여대 국제관계대학원에 재학 중이었던 박인비는 언젠가 학교를 찾아간 자리에서 "집중력을 잃지 않고 최선을 다하니 (올림픽에서) 좋은 결과가 나온 것 같다"고 했다. 맞다. 그 집중력이 박인비를 세계톱의 골퍼로 만들어준 것이다. 박인비는 언젠가 인터뷰에서 "보기를 하면 기분이 가라앉으며 플레이가 나빠지곤 하는데 그래서 보기 후에는 늘 반드시 버디를 하겠다는 마음자세로 플레이한다"고 했다. 실제 박인비 플레이에선 보기 후 다음 홀의 버디가 유난히 많다. 뚝심을 바탕으로 한 특유의 집중력이 그 비결이었던 것이다.

어릴 때 책상에 붙여놨던 꿈 "난 할 수 있다"

필드에서 춤을 추는 등 갤러리를 기쁘게 하는 힘을 가진 장하나는 '골프는 장갑을 벗어봐야 아는 운동'이라는 철학을 신뢰한다. 그래서 웬만하면 포기를 모른다. 현 상황이 좋지 않더라도 뚜벅뚜벅 걸어가면 좋은 결과를 얻을 수 있다고 믿기 때문이다. 2019년 하나금융그룹 챔피언십에서 우승할 때도 그랬다. 점수 차이가 많이 났기에 우승까지 기대하지는 않았다. 그래도 계속 가야 한다고 생각했단다. 선두는 이다연이었다. 그런 이다연은 16번홀과 18번홀에서 실수를 범했고, 장하나에게 역전의 틈을 허용했다. 장하나는 "남의 실수를 바라는 것은 좋지 않다. 내가 잘 쳐서 우승해야 하는 게 골프"라고 했다. 남을 의식하지 않고, 자신과의 싸움에서 이길 때 골프의 참맛이 느껴진다는 뜻이다. 필드에서 꾸준히 불을 뿜는 그의 긍정에너지의 비결은 이같은 '자기 확신'과 무관치 않을 것이다.

최근 유난히 눈길이 가는 골퍼가 있는데, 바로 최혜진이다. 박인비 같은 뚝심과 평정심을 지녔다. 2019년은 최혜진으로선 황금의 해였다. 2019년 시즌 4관왕(대상, 상금, 평균타수, 최다우승)을 거머쥐었다. LPGA에 도전할 날도 머지 않아 보인다. 이제 갓 스무살을 넘긴 최혜진이고 보면 앞으로 세계무대에서의 활약이 더욱 기대된다.

최혜진 하면 떠오르는 게 뚜렷한 목표의식이다. 왜 골프를 하는지 목적이 분명하다. 최혜진에겐 초등학교 5학년 때 첫 출전할 때부터 다섯 가지 목표가 있었다고 한다. 바로 국가대표, 세계랭킹 1위, 올림픽 출전, 명예의 전당, LPGA 진출이었단다. 그걸 적어 책상, 침대, 그리고 천장에 붙여 놓고 틈만 나면 자기 암시를 걸었단다. "난 할 수 있다"고. 그렇게 최혜진은 성공했고, 더 큰 성공을 향해 달리고 있다. 그의 어머니는 최혜진을 뱃속에 가졌을 때 예쁜 돼지가 무는 꿈을 꾸었단다. 그래서인가. '황금돼지띠의 해'인 2019년 최혜진이 힘차게 비상한 것은 운명적으로도 예견됐던 일인가 보다.

'골프스윙의 정석'으로 꼽히는 고진영에게도 2019년은 잊지 못할 한 해가 될 것이다. 고진영은 2019년 LPGA무대에서 한 해의 선수, 안니카 메이저 어워드(5개 메이저 대회를 합산해 가장 좋은 성적을 낸 선수에게 주는 상) 1위로 뽑혔고, 상금과 평균타수 1위까지 거머쥐면서 온갖 타이틀을 독식했다. 시즌 전관왕이다. 무엇보다 내용이 알찼다. 고진영은 8월부터 114개홀 연속 노보기 플레이를 펼쳤다. 이는 한 경기(각각 18홀 4라운드)는 보기 없는 플레이를 하고, 두 번째 경기 3라운드 일곱 번째 홀에서 첫 보기가 나왔다는 뜻이다. 실력이 출중한 프로라도 114개홀 연속 노보기를 기록하기란 쉽지 않다. 실력은 물론 엄청난 인내와 평정심을 요구하는 일이다. 고진영이 전관왕에 오른 것은 이같은 눈부신 선전에 힘입었을 것이다.

고진영은 행복한 골퍼론 예찬자다. 플레이를 행복하게 하는 게 그의 목표다. 그러면서 내세우는 게 '절제론'이다.

"경기 도중 '하고 싶은 샷'과 '할 수 있는 샷', '해야 하는 샷'을 놓고 갈등할 때가 많습니다. 그럴 때 하고 싶은 샷은 절제합니다. 그런 다음 할 수 있는 샷, 해야 하는 샷 사이에서 신중하게 하나를 택합니다. 그러면 대체로 좋은 결과로 이어집니다." 그의 골프 철학이 오롯이 담긴 말이다. 그의 절제는 입에 단내가 나도록 연습할 수 있는 힘이 되었고, 특유의 포커페이스와 멘탈갑(甲)의 원천이 되었다. "필드에선 좋아하는 찬양을 속으로 부르기도 합니다. 그러면 파를 할 경우 보기까지는 안 갔구나 하고 감사하고 버디를 기록하면 파를 하지 않은 것에 감사한 마음이 생깁니다. 그게 제 골프입니다." 세계 일류 아무나 되는 것은 아닌 듯싶다.

지난 2009년 11월 〈뉴욕타임즈〉는 "LPGA는 출중한 스타 소렌스탐을 잃은 대신 신지애라는 또 다른 스타를 얻었다"고 보도했다. 2008년 11월 미국 본토에서 열린 LPGA ADT 챔피언십을 제패한 그를 〈뉴욕타임즈〉가 그렇게 높이 평가한 것이다. 신지애는 당시 스무 살이었고, LPGA에 본격적으로 뛰어들기 전이었다. 그런데도 〈뉴욕타임스〉는 역사상 가장 위대한 여성골퍼로 평가받는 소렌스탐과 대등하게 볼 만큼 신지애의 빛나는 플레이를 눈여겨본 것이다.

사실 신지애의 매력은 '평범함'이다. 작은 키에 생글생글 웃는 천

진난만한 얼굴은 마치 옆집 여동생 같은 친근감을 불러일으킨다. 그가 가요계의 '작은 거인'으로 불리는 조용필과 같은, 필드계의 '작은 거인'으로 칭해진 것은 그런 이유 때문일 것이다. 사람들은 이런 소녀 같은 표정의 신지애로부터 한 번 물면 물러섬이 없는 무서운 뚝심과 위기에도 전혀 동요치 않는 대범한 배짱, 극기의 절정체인 놀랄 만한 평정심을 발견하곤 탄성을 지른 것이다. 신지애는 얼마 뒤 '지존'이라는 타이틀까지 얻었다.

팬이 몰릴 수밖에 없는 '웃음천사 전인지'

신지애는 깊은 신앙심으로도 정평이 나 있다. 어려운 환경에서 자란 그는 기부에도 앞장서며 '기부천사'라는 별명도 얻었다. "기록이 훌륭한 선수도 좋지만 사람들로부터 존경받는 사람이 되고 싶어요." 언젠가 그는 자신이 골프를 하는 이유를 이렇게 말했다.

요즘은 일본여자프로골프(JLPGA)에서 활약을 펼치고 있는 신지애는 '현명한 선수'로 불려도 손색이 없을 듯 싶다. 좀 더 추켜세워주자면 솔로몬의 지혜를 가졌다고 할까. 신지애는 KLPGA투어에서 세 번의 상금왕(2006~2008년 3년 연속), LPGA투어에서 신인상·상금왕(2009)을 거머쥔 후 JLPGA에 본격적으로 진출하며 일본 무대까지 장악했다. 혹자는 말한다. 비거리가 짧아 LPGA에서 한계를 느끼고 일본으로 갈 수밖에 없었다고. 그럴 수도 있겠다. 그러나 그게 실제라고 해도 신지애의 끊임없는 도전을 폄훼할 수는 없을 것이다. 신지애는 유럽여자프로골프투어(LET)에서도 1승을 거둔 적이 있다. 신지애는 그러니 4개 여자프로투어에서 모두 승전보를 올린 선수다. 이건 아무나 할 수 있는 것이 아니다. 신지애가 공식적으로 밝힌 적은 없지만, 자신의 골프 인생에 대모험 코드를 장착한 것은 분명해 보인다.

프로골퍼 중에서 팬을 가장 많이 몰고 다니는 이라면 전인지가 으뜸으로 꼽힐 것이다. 나 역시 골수팬이다. 팬들은 전인지에 덤보(Dumbo)란 애칭을 선물했다. 팬클럽 이름도 '플라잉 덤보'다. 덤보는 디즈니 만화캐릭터로, 귀가 큰 코끼리다. 귀를 쫑긋하고 게임에 몰두하는 전인지의 모습을 보고 팬들은 그런 별명을 붙여줬다.

전인지에게 팬이 유독 많은 이유는 그의 또다른 별명인 '미소천사'와 관련이 크다. 게임이 잘돼도 웃고, 안돼도 웃고, 비가 오나 바람이 부나 눈이 오나 웃음기를 멈추지 않는다. 그가 늘 웃는 것은 다른 사람에게 행복을 주는 골프를 하는 게 목표이기 때문이다. "제 골프 덕분에 누군가가 동기부여를 받고, 즐거움과 행복을 느낄 수 있다면 그게 보람일 것 같아요. 저는 골프를 열심히 하면서도 많은 사람들에게 행복을 줄 수 있는 사람이 된다면 좋겠습니다." 언젠가 인터뷰에서 본 그의 이 말에서 그만의 '행복 나눔' 골프 철학이 엿

보인다.

전인지가 내세우는 골프 철학이 또 있다면 '망각론'이다. 필드에서의 '망각(어떤 사실을 잊어버림)'은 때론 매우 유효하다는 것이다. 누구나 실수는 하게 마련이다. 다만 그것을 빨리 잊느냐, 못 잊느냐에 따라 승부가 결정될 수 있다는 것이다. "누구나 필드에 서면 우승을 하고 싶어 합니다. 그런데 그 마음이 너무 크면 작은 실수라 하더라도 잊지 못하고 다음 샷까지 영향을 받거든요. 실수를 재빨리 잊고 다음 샷에 집중하는 것, 그런 골프를 추구합니다." 미스샷 뒤에도 웃음을 잃지 않는 그를 볼 때마다 '참으로 당당하고 배포가 큰 선수구나'라고 생각했었는데, 이런 철학이 바탕이 돼 있으니 일관되게 그런 모습을 보일 수 있었나 보다.

2015년 US여자오픈과 2016년 에비앙 챔피언십 정상에 오르면서 세계무대에서 자신의 존재 가치를 한껏 드높였던 전인지, KLPGA는 물론 JLPGA 석권에 이어 2018년 LPGA투어 UL 인터내셔널 크라운과 LPGA투어 KEB 하나은행 챔피언십 우승으로 골프 인생을 절정으로 꽃피우고 있는 전인지. 본인이 행복한 골프를 치면 주변도 행복해진다는 그 확신이 이런 좋은 결과를 가져온 것 같다.

전인지 못잖게 최근 사랑받는 골퍼가 있다. 무서운 신예로 떠오른 박민지 프로다. 어느 날 지인과 통화하는 데 입에 침을 튀겨가며 박민지 자랑이다. "아, 글쎄 박민지 프로와 프로암 경기를 하는 행운을 잡았는데, 정말 명랑하더라고. 겉으로만 그런 게 아니고 속으로도 명랑과 친절이 몸에 붙어 있더라고. 깜짝 놀랐어. 프로가 그러기 쉽지 않거든." 사람을 편하게 해주는 능력이 있더라는 말을 계속 반복하던 지인은 그래서 자기의 마음속에 박 프로를 '명랑 소녀 골퍼'란 애칭으로 새겨놨단다.

그러고 보니 한 가지 생각나는 게 있다. 2019년 11월 오렌지라이프 챔피언스트로피 박인비 인비테이셔널 대회. 첫날 경기 1번홀 티박스에서 한 선수가 나오더니 갑자기 춤을 췄다. 장내 아나운서의 소개를 받은 이 선수는 정체불명의 막춤(?)을 선보이며 장내를 단박에 사로잡았다. 갤러리들은 박장대소하며 즐거워했다. KLPGA 투어 3년 차 박민지 선수였다. 평소의 단정한 이미지를 버리고 춤으로 화끈하게 팬서비스를 한 것이다. 즐거움과 명랑이 몸에 배지 않으면 이런 모습 보이기 쉽지 않다. "원래 저 (춤 추고) 그래요. 골프장에선 이런 것을 억눌러왔을 뿐이죠." 춤을 왜 추었느냐는 말에 답은 그랬다.

박민지는 2019년 MBN 보그너 여자오픈 우승을 거머쥐며 통산 3승 고지에 올랐다. 상금랭킹 8위를 차지했으니 프로골퍼로선 행복한 한 해를 보낸 것이다. 겁 없는 신예에서 무서운 신예로 둔갑한 것은 이런 성적과 관련이 크다.

박 프로의 어머니는 핸드볼 국가대표 출신으로 유명한 김옥화 씨다. 1984년 LA올림픽에서 서독을 꺾고 은메달을 딴 주인공이다. 그러니 어머니로부터 물려받은 운동 DNA가 남다를 법하다. 그런데 아니란다. 핸드볼 대신 골프를 택한 이유는 체력이 달려서란다. "엄마처럼 핸드볼 코트를 누빌 체력은 안 됐어요. 대신 '죽기 아니면 살기로 운동하라'는 엄마의 가르침은 잊지 않았죠."

박민지는 욕심이 없다. 아니, 욕심 없는 사람이 어디 있으랴. 박민지는 욕심 대신 자제를 내세운다. 그의 골프 철학, 나아가 인생 철학은 '계단론'이다. "일단 1승을 목표로 합니다. 그 목표를 이루면 또 1등을 향해 달려가면 되는 거죠. 한꺼번에 욕심을 내면 탈 나거든요."

박민지가 추구하는 플레이는 '무아지경'이다. 박민지는 2019년 8월 KLPGA투어 보그너 여자오픈에서 우승한 이후 인터뷰를 통해 "전반부터 무아지경으로 치려고 했는데, 우승 욕심이 나서 그런지 조금씩 어긋나는 느낌이 있었다. 쫓아가는 입장이 되자 그런 평정심을 되찾을 수 있었던 것 같다"고 했다.

이젠 다크호스에서 안정적인 '우승권 프로'로 월반한 박민지는 그러나 주변에 겸손하다. 아직 실력이 모자란다고 얘기한다. 우승한 이후에도 본인 스윙이 완벽하지 않고 문제점이 있다는 것을 잘 알고 있다고 말하곤 한다. 아직은 빈 그릇이기에 거기에 차곡차곡 뭔가를 계속 쌓아가겠다는 철학이 엿보인다. 자신의 허점을 인정하고 그것을 보완하려 늘 노력하는 것, 그게 박민지의 무서운 점이다. 주특기가 없다고 너스레를 떠는 것도 얄밉지 않다. "제가 생각해봐도

제 샷에서 내세울 만한 장기가 없어요. 그게 장점이자 단점이죠. 그렇지만 항상 일관된 샷을 하려고 합니다." 아마추어로선 여러 생각을 하게 만드는 말이다.

어느 무명 프로의 고백

마지막으로 소개하고 싶은 이가 있다. 어느 무명 프로골퍼다. 언젠가 친한 형이 골프를 치잔다. 프로 한 명 모시고 가겠다고 한다. 아, 프로랑 골프 칠 생각을 하니 떨리고 설렌다. 프로와의 필드는 처음이었다. 약속 당일 프로를 만났는데, 얼굴도 이름도 모르겠다. 그날 그는 언더파를 기록했다. 프로는 역시 프로인가 보다 했다.

얼마 뒤 그 프로와 어울려 술자리를 했다. 그도 나도 약간 불콰해지면서 그의 골프 인생이 화제에 올랐다. 이건 눈물 없이는 들을 수도, 볼 수도 없는 한 편의 드라마 인생이다.

그는 턱걸이로 프로에 입문했단다. 그때의 나이는 밝히지 않았지만, 늦깎이 입문이었단다. 그래도 자신감 하나만큼은 하늘을 찌를 때였다. 자신의 실력을 믿었다. 그런데 주요 대회에 나갈 때마다 스스로 허물어지더란다. 본격적인 프로 생활 5년간 리더보드 상단에 이름 한 번 올린 적 없었단다. "그러니 생활이 됐겠어요? 대회에 노크를 하기는 매번 했지만 밥 먹듯이 떨어졌고 성적이 변변찮으니 돈벌이도 안 됐고요. 무엇보다 자신감을 잃고 황폐한 생활을 한 것이지요."

그때 결혼도 했지만 가정에는 도움 한 푼 안 됐다고 했다. 이것저것 생활전선에 나선 아내에게 늘 미안했단다. 그래도 포기할 수 없었다. 아내와 돌 지난 아이를 떠올리며 이대로 무너질 수 없다고 생각했다. 미련을 갖고 1년 더 하자, 1년 더 하자, 이렇게 생각하고 5년간 프로 세계에서 버텼단다. 그러곤 프로 세계의 높은 벽을 실감하고 그 세계를 접기로 마음 먹었다. 한때 내기골프에도 빠졌단다. 스스로 생각해도 쥐구멍에 숨고 싶었던 일이란다.

"약육강식 정글의 법칙에서 도태된 것이죠. 그러니 전 어쩌면 '탈락 인생'이었습니다."

그러던 그는 이래선 안 되겠다고 정신 차렸고, 레슨프로에 전념했다. 사람 좀 괜찮다고 소문이 나면서 손님은 조금씩 늘었고 그때 많지는 않지만 돈을 알뜰히 모았단다. 그걸 종잣돈 삼아 지금은 사업을 하고 있고, 먹고살 만한 형편이 됐다고 했다. 그의 산전수전 인생을 듣다 보니 코 끝이 찡하다.

"종이 한 장 차이라는 프로 세계에서 그 '한 장 차이'가 얼마나 큰 것인지 실감했습니다. 프로대회 상위권자는 내게 없는 그 뭔가가 있더라고요. 그게 배짱인지, 배포인지, 인내인지, 평정심인지는 잘 모르겠는데, 암튼 제게 없는 뭔가를 그들은 갖고 있고 그걸 인정해야 한다고 생각했어요. 그러니 어느 순간 마음이 평화로워지더라고요."

실제로 지금은 마음이 여유로운 삶을 살고 있단다. 프로 세계에 대한 미련이 완전히 사라진 것은 아니지만, 사업가로서의 인생도 나쁘지 않다고 했다. 무엇보다 아내의 표정이 밝아져서 좋단다. 숨가쁜 경쟁 세계에서 벗어난 자신 역시 이젠 행복하단다.

"가끔 프로 세계에서 더 버텼으면 어땠을까 하는 생각이 안 나는 것은 아닙니다. 그렇지만 그랬더라도 잘 안 됐을 거예요. 왜냐하면 전 그때 '세상이 나를 왜 알아주지 않을까' 하는 원망이 가득 차 있었거든요. 남 탓만 했거든요. 프로로서의 그릇이 안 돼 있었던 것이죠. 옛날을 되돌아보면 암튼 그래요."

하긴 실력만으로, 자신의 뜻대로만 풀리는 인생이라면 누가 걱정하며 살겠는가. 그래서 인생, 세상을 요지경이라 하지 않던가. 그의 드라마틱한 인생을 따라가면서 같이 울고 웃으면서 밤늦도록 취했던 기억이 난다.

세상이 날 알아주지 않는다고 좌절하지 말라. '세상이 왜 내게만 혹독한 시련을 주는가'라며 원망하지 말라. 사람에겐 저마다 때가 있고, 운명적으로 정해진 길이 있다. 어느 무명 프로의 골프 인생에서 배운 철학이다.

18홀

골프는 인생이다

누구나 알고 행복해하는
타이거 우즈 이야기

인생은 운일까, 실력일까. 어떤 이는 운칠기삼(運七技三·성공과 실패는 운에 달렸다는 뜻)이라는 말을 내세워 운(運)이 세상을 좌우한다고 믿는다. 어떤 이는 아무리 운이 좋다고 해도 실력(技)이 뛰어난 사람에겐 절대로 이길 수 없다고 호언장담한다. 살아보니, 어떤 말이 맞는지는 모르겠다. 어떤 인생을 들여다보면 운이 삶의 전부인 것 같기도 하고, 다른 인생을 살펴보면 실력이 우선인 것 같기도 하다. 케이스 바이 케이스(case by case)라고 할까.

결은 다르지만, 운이 없는 이가 있다. A씨 얘기다. 어느 날 A씨는 가족들과 골프를 치러 갔다. 아버지, 어머니, 동생과 한 팀을 이뤘다. 어머니가 홀인원을 했단다. 장남인 A씨는 기꺼이 어머니를 위해 홀인원 패를 해드렸고, 세 사람을 위해 작지 않은 선물도 했단다. 어머니의 홀인원이 너무 기쁜 나머지 장남으로서의 도리로 여겼단다. 여기까지는 괜찮았다.

몇 년이 지난 후, A씨는 가족들과 또다시 골프 모임을 가졌다. 아버지와 형제자매 등 네 사람이 모였다. 이날 A씨는 홀인원을 했다. 모두들 축하는 해줬지만, 결론적으로 A씨는 자기 돈으로 홀인원 패를 만들 수밖에 없었단다. 모두들 "가족들끼리 무슨 패를 해주냐"며 입을 딱 씻었기 때문이란다. 어머니 홀인원 때는 주머니를 털어 패를 만들어주고, 본인의 홀인원 때는 자기 돈으로 패를 마련한 A씨의 말은 이랬다. "홀인원을 본 것도, 홀인원을 한 것도 다 가족 앞이라니. 아, 정말 운이 없는가 봅니다."

운이 없다고 투덜대는 그에게 이렇게 말했다. "전 선생님 운이 정말 좋은 것 같은데요. 홀인원 같은 행운을 100% 진심으로 축하해줄 사람은 가족밖에 없습니다. 다 박수쳐 주지만 약간씩은 질투심이 있어요. 어쨌든 사랑하는 가족들에게 전적으로 축하받았고, 본인이 홀인원 패를 만들기는 했지만 대신 장남으로서 굳건한 위상을 확인한 것 같은데요. 이보다 더 좋은 일은 없을 것 같은데요."

"하하하. 그건 그러네요. 어머니도 동생도 그 이후엔 저한테 정말 잘해주거든요."

좋은 일에 운이 나쁜 것은 없다. 쓰임새가 다소 다를 뿐이다.

이와는 정반대 케이스가 있다. C씨의 얘기다. 기업 만년부장이던 그는 어느 날 골프모임에 초청을 받았다. 원래 멤버는 아니었는데, 한 사람이 펑크를 내는 바람에 대타로 끼게 된 것이다. 골프장에 갔더니 회사 사장님이 있더란다. 놀랐다. 그리곤 당황스럽기도 했다. 골프를 잘 치지 못하기에 엄청 부담스러웠다. 전반 몇 홀이 지나 파3 홀이 나왔고, 그냥 쳤는데 어찌어찌 굴러가 홀인원이 됐단다. 머릿속은 하얗게 되고, 어찌할 바를 몰랐다. 도대체 그 이후 기억이 잘 나지 않는단다. 여기저기서 툭 치면서 축하한다는 소리가 들려왔지만, 정작 뭘 해야 하는지도 몰랐다. 한 달 후 C씨는 임원으로 승진했다. 사장님이 누군가에게 그랬단다. "그 친구 지난번에 홀인원했잖아. 운빨이 있어요."

위 두 개의 사례. 같은 값이면 전자보다는 후자를 원하는 게 사람 심리일 것이다. 사실 운이라는 녀석은 그렇게 사람을 가린다. 특정한 사람에 몰빵하는 특성을 지녔다. 하지만 그렇게 보일 뿐이다. 살다보면 느끼는 것이지만, 운은 일회성이기도 하다. 운은 반드시 훗날 그만큼의 반대급부를 요구한다. 운이 생겼다고 너무 좋아하지 말라. 언젠가는 불운이 뒤따른다. 운에만 의존하는 인생? 낭패를 볼 수 있다는 의미다. 하긴 그래도 우리 인생은 수많은 운을 기대한다. 여기서 후일담을 소개하자면, 홀인원으로 임원에 올랐던 C씨는 그다지 오래가지 못했다. 몇 년 후 퇴직했다는 소리를 들었다. 운은 이렇듯 영원한 것은 아니다.

한 치 앞도 모른 채 당장의 운에 웃고 우는 일들. 이는 평범한 사람의 얘기다. 위대한, 그리고 불세출의 승부사라면 얘기가 다르다. 빛나는 투지와 꺾이지 않는 의지로 무장한 사람이라면 스스로 운을 개발하기도 한다. 그런 사람을 지구촌에서 꼽자면 단연 떠오르는 이가 타이거 우즈일 것이다.

인생은 운일까, 실력일까

우즈는 어쩌면 사람이 아니다. 축구 팬들은 환상적 플레이를 하는 메시나 호날두를 빗대 '인간계'를 벗어나 '신계'의 인물이라고 떠받든다. 골프계의 '신계'가 있다면 바로 우즈가 아닐까.

우즈는 오즈의 마법사다. 갤러리가 환호를 하게 만들고, 갤러리에 감동의 눈물을 흘리게 해주는 마술사다. 그의 플레이는 마법의 힘을 지녔다. 마술 지팡이를 휘두른 뒤 주먹을 불끈 쥐고 어퍼컷을 날리는 특유의 '호랑이의 포효'를 보여주는 우즈에겐 반하지 않을 수 없는 매력이 철철 넘친다. 우즈가 만들어낸 명장면은 유난히 많다. 2005년 마스터스 최종일 16번 홀(파3)에서 나온 버디샷이 대표적이다. 나이키 로고와 함께 골프 팬에겐 잊을 수 없는 장면으로 새겨진 이 버디샷은 우즈 인생을 대표하는 샷일 것이다. 이것뿐인가. 우즈는 수많은 기적의 샷을 만들었고, 수많은 샷을 통해 골프팬들에게 흥분과 감동을 선사해왔다.

사람마다 생각이 다르겠지만, 개인적으로 2008년에 열린 '제108회 US오픈' 대회를 타이거 우즈의 인생 최고의 경기로 꼽고 싶다.

이 대회를 앞두고 우즈는 출전 자체가 불투명했었다. 우즈는 당시 심한 무릎 통증을 느낄 정도로 부상이 심각했다. 두 달 전 무릎 수술을 받았기 때문이다. 의사는 우즈에게 출전하지 말라고 경고했다. 하지만 우즈는 출전을 강행했고, 결과적으로 우승컵을 거머쥐었다.

우승까지는 험난한 여정이었다. 4라운드(72홀) 경기에서 승부가 나지 않아 연장전에 돌입했고, 스트로크 플레이였던 연장전(18홀)과 그 연장전에서도 승부를 가리지 못해 1홀을 더 추가했으니 91홀을 돈 것이다. 무릎 통증을 안고 5일간의 강행군을 벌여 획득한 우승컵이었다. 컨디션이 좋을 때도 우승은 힘든 법인데, 무릎이 아픈 상태에서 5일간의 사투를 벌여 메이저 14승을 달성한 것을 두고 사람들은 "불굴의 투혼을 가진 우즈만이 할 수 있는 쾌거"라고 칭송했다. 진정한 골프황제라는 수식어가 뒤따랐다.

우승까지의 과정은 정말 드라마틱했다. 잠깐 그 드라마를 따라가 보자.

108회 US오픈 4라운드 날. 우즈의 몸 상태는 엉망이었다. 무릎 부상 외에도 정신적으로도 지쳐 보였다. 1번 홀에선 더블보기를 기록했고, 2번 홀에선 보기에 그쳤다. 출발은 좋지 않았고, 계속 경기에 끌려다녔다. 마법의 샷은 18번째 홀에서 나왔다. 우즈가 마지막 홀(파5홀)에 섰을 때, 스코어보드상 먼저 18홀을 돈 로코 미디에이트(미국)에 1타 뒤져 있었다. 이 홀에서 버디를 하지 못하면 우승컵은 그대로 미디에이트에 헌납해야 했다. 버디, 버디, 버디 의욕이 너무 앞섰던 것일까. 드라이버샷이 벙커에 빠졌다. 낙심한 우즈의 표정은 일그러졌다. 벙커샷마저 좋지 않았다. 이 두 번째 샷은 페어웨이를 지키지 못하고 러프로 향했다. 스스로 자책하는 모습의 우즈. 하지만 곧바로 평정심을 되찾았다. 러프 앞에 선 우즈는 심호흡을 길게 했다. 그린을 쳐다보는 그의 표정에선 결의가 엿보였다. 웨지를 들고 목표점을 정확히 세우는 듯했다. 쳤다. 러프에서도 백스핀이 걸렸지만, 약간 길어 보였다. 다행히 공은 홀컵을 지나 3.6m 지점에서 섰다. 갤러리 박수가 터져 나왔지만, 우즈 안색은 밝지 않았다. 내리막길이었다. 버디 기회였지만, 쉽지 않은 퍼팅이었다. 열띤 환호를 받고 그린에 선 우즈는 공과 깃대 사이를 왔다 갔다 하며 라인을 읽더니 마침내 결심한 듯 퍼팅 지점에 섰다. 왼쪽으로 약간 휘어지는 내리막 라인. 신중 또 신중하게 굴린 공은 내리막을 타고 더디게 흘러가더니 홀 오른쪽을 타고 컵 속으로 쏙 들어갔다. '호랑이 포효'는 어김없이 재현됐고, 5만 명의 갤러리는 순간 벌떡 일어나더니 함성을 터뜨렸다. 승부를 원점으로 돌린 것이다.

이렇게 108회 US오픈 우승컵 향방은 연장전 결과로 넘겨졌다. 부상으로 몸은 힘들고 심적으로도 부담감이 엄청 컸을 텐데, 극적인 타이밍에 또 한 번의 마법을 부린 호랑이, 타고난 승부사의 감각이 빛난 명장면으로 두고두고 기억에 남는다.

연장전 역시 힘들었다. 그렇지만 신은 연장으로 이끈 마법을 부린 우즈의 손을 들어줬다. 연장 18홀을 비겼지만, 추가 연장전인 91번째 홀에서 우즈는 안정적인 파를 기록했고, 미디에이트는 보기를 적어냈다. 이날 우즈는 마스터스 우승을 일굼으로써 메이저 14승이라는 금자탑을 쌓았다.

우즈는 대회 후 "내가 겪어본 경기 가운데 최고의 명승부였다"고 했다. 본인 스스로도 그만큼 어렵고 고통스러운 대회였고, 그것을 극복할 수 있었기에 인생 최고의 경기로 꼽았을 것이다.

이런 감동의 경기를 본 뒤 인생이 운이라고 말하는 사람들이 있다면, 그건 우즈에 대한 심한 모독이 아닐까.

골프는 운일까, 실력일까

다시 앞으로 돌아가보자. 18홀 이야기 맨 앞에서 '인생은 운일까, 실력일까'라는 물음을 던졌다. 그렇다면 이렇게 다시 물어보고 싶다. '골프는 운일까, 실력일까?'

레퍼토리의 반복이겠지만, 혹자는 말할 것이다. "골프, 완전 재수 아냐?" 혹자는 무슨 소리냐고 입에 침을 튀기며 "골프는 실력이다"라고 주장할 것이다. 둘 다 틀린 말은 아닐 것이다. '낙타 바늘 구멍' 확률의 홀인원의 경우, 운이 없다면 어찌 한 번에 홀컵에 들어갈 수 있겠는가. 반대로 실력이 없다면 어찌 홀컵까지 공을 보낼 수 있겠는가. 그리고 보면 골프는 운이 반이요, 실력이 반이라고 말할 수 있을 것이다.

그렇지만 타이거 우즈라면 얘기가 달라진다. 지구촌 최고의 승부사 앞에 운은 없다. 운은 실력으로 만들어진 결과물일 뿐이다. 다 아는 얘기지만, 우즈는 신동 골퍼로 일찌감치 유명세를 탔다. 타고난 골프 재능에다가 지옥훈련을 통한 자기 연마를 통해 골프황제로 등극했다. 부침은 많았다. 잦은 부상과 스캔들은 그를 괴롭혔고, 골프 장갑을 벗고픈 강한 유혹을 느끼곤 했다고 우즈는 나중에 술회한 적 있다.

그런 점에서 108회 US오픈 우승컵은 우즈의 삶을 대변한다. 수술한 뒤의 아픈 무릎과 확신이 서지 않는 샷을 가지고도 US오픈을 우승할 수 있었던 것은 최정상에 대한 강렬한 욕구와 타고난 승부사 기질이 아니면 설명할 수 없을 것이다. 불가능을 가능으로 만든 우즈의 불굴의 투지가 우승컵을 일궈냈다고 해도 과언이 아니다. 지구상에 이처럼 강한 멘털과 카리스마를 가진 이가 있었던가. 우즈는 갤러리를 소리치게 만드는 힘이 있었고, 구름관중 앞에서 마술을 펼치는 능력을 갖추고 있었다.

구체적으로 들어가보자. 필드에 나타나기만 하면, 하다못해 텔레비전에 등장하는 우즈에 열광하는 사람들. 그 이유는 뭘까.

단연 카리스마가 꼽힌다. '영원한 1인자'의 모습, 타의 추종을 불허하는 강인한 정신력과 압도적 실력에서 발산되는 세리머니, 아무리 큰 위기라도 대담하게 견뎌낼 수 있을 것 같은 우즈의 강심장을 지켜보는 것 자체가 가슴이 설렌다는 이가 많다. 우즈는 현역 시절 2인자를 허용하지 않았다. 우즈가 있는 한 그 이상의 강자는 나타날 수 없었다. 우즈의 카리스마가 워낙 막강했기 때문이다.

화제를 잠시 바둑으로 돌려보자. 골프와 바둑은 많은 점에서 닮았다.

바둑은 그 자체가 전쟁이요, 전투다. 반상은 전쟁터고, 정치적 전략과 전술이 난무하는 곳이다. "이순신 장군은 바쁜 군무 중에도 바둑을 즐겼고, 그것을 기록으로 남겼습니다. 바둑을 통해 전략을 살피고 또 살폈던 것은 아닐까요."(정수현 명지대 바둑학과 교수) 바둑이 전쟁이 일종임을 시사한 말이다. '인생의 축소판'으로 불리는 바둑은 지략이 넘친다. 고도의 전략과 전술이 요구된다. 골프 역시 전쟁이요, 해당 홀마다 세밀한 전략이 필요하다는 점에서 바둑과 닮은 꼴이다.

그런 '전쟁터'인 골프 역시 1인자가 존재하듯이, 바둑 역시 1인자가 딱 버티고 서 있다. 그 1인자가 계속 갈릴 뿐이다. 한때 바둑계는 박정환 9단 천하였다. 그렇지만 그 위용이 흔들린 지 오래다. 박 9단(29)은 지난 10년 가까이 한국 부동의 1위였다. 세계 최절정 고수가 즐비한 중국의 거센 공세에 혈혈단신 맞서며 '바둑강국=한국'의 입지를 강화해온 이다. 그런 박 9단은 어느 날 밀레니엄 키즈인 신진서 9단(2000년생·22)에게 밀려났고, 현재는 한국 랭킹 2위다. 박 9단의 실력이 모자라다고 말하는 바둑 전문가는 거의 없다. 오히려 신 9단을 견제할 선수는 박 9단밖에 없다고 입을 모은다. 인공지능급 바둑을 두며 중국강자들을 벌벌 떨게 만드는 신 9단과 견줄 이는 국내에선 박 9단밖에 없다고 말하는 것이다.

박 9단이 신 9단에 계속 패하는 것은 나이 차이에 따른 체력과 중반 이후 수읽기 열세 때문이지만, 그 주된 이유를 '기싸움'으로 해석하는 이가 많다. 김성룡 9단(바둑 해설가)이 대표적이다. "박 9단이 신 9단을 만나면 기싸움에서 일단 지는 것 같아요. 실력은 아직 최정상인데, 신진서 앞에선 유독 자신 없어 하는 모습을 보입니다. 커제(중국 프로기사)에겐 '고양이 쥐 몰듯' 위력적인 바둑을 두는데, 왜 신 9단과 대결하면 실수도 잦은지 모르겠어요."

2020년 한국 바둑계의 최대 흥행카드였던 '아름다운 보물섬 남해 신진서 VS 박정환 바둑 슈퍼매치'는 이런 분위기를 대변했다. 대회는 7번기로 열렸다. 한 판도 아니고 일곱 판이나 둔 것이다. 그런데 결과는 신 9단의 7연승. 일곱 판을 내리 이기거나 지는 것은 실력이 비슷비슷한 아마추어계에서도 흔치 않은 일이다. 하물며 반집을 다투는 세계 최고수 간 대결에선 믿을 수 없는 일이라는 게 중론이다. 바둑계에서 산전수전, 공중전을 다 겪은 박 9단이 아무리 출중한 신 9단이라고 해도 일곱판을 연속해서 지는 것은 이해할 수 없다는 게 당시 바둑계의 평가였다. 이에 박 9단이 심리적으로 신 9단에게 제

압당했고, 그런 기싸움 열세가 패배로 이어지는 게 아닌가 하는 분석이 바둑계에선 뒤따랐다.

우즈가 대단한 이유는 바로 여기에 있다. 골프황제로 골프계를 석권했을 때도, 부상이 심해 출전 자체가 불투명했을 때도 그가 필드에 서면 아무리 당시 세계랭킹 1위라고 해도 위축되는 것을 보면 우즈만큼 영원한 1인자 카리스마를 가진 이는 없어 보인다.

필드 위의 전쟁, 승자는 타이밍이다

우즈는 또 '타이밍 기술의 미학', 그 자체다. 우즈는 구름관중을 즐긴다. 우즈 일생의 경기를 되돌아보면 우즈는 꼭 필요할 때 넣는다. 벙커든 해저드든 파를 지켜야 할 절체절명의 시간에는 파를 이끌어내고, 버디가 필요할 때 꼭 버디샷을 성공시킨다. 그래서 사람들은 우즈가 경기를 할 때면 마법을 부리는 듯한 환상에 빠지곤 하는 것이다. 그러니 우즈를 팬으로서 사랑하지 않을 수 없게 되는 것이다.

우즈가 세기의 골퍼가 될 수 있었던 또 다른 이유는 연습벌레란 점에서다. 타고난 재능에 만족하지 않고 부단히 자신을 연마했기에 세계 최정상에 올라설 수 있었고, 글로벌 톱의 자리를 오래 지킬 수 있었다. 재능을 타고난 사람은 많지만, 그 재능의 크기를 스스로 확장할 수 있는 사람은 드물다. 이런 점에서 우즈는 끊임없는 연마가 자기 분야의 최고의 미덕이라는 점을 실천한 인물 중 하나다. 그러니 팬들이 어찌 우즈를 좋아하지 않겠는가.

연습벌레 측면에서 우즈에 관한 전설적인 일화는 많다. 많이 알려졌다시피, 우즈는 한 살 때부터 크리스마스 선물로 받은 장난감 골프채를 갖고 놀았다고 한다. 아들의 천재성을 발견한 우즈의 아버지는 우즈에 골프를 시켰고, 우즈는 즐겁게 골프 꿈나무로 자라났다. 우즈는 열 살이 되기 전에 주니어골프대회를 휩쓸었다. 여기까지만은 아니었다. 우즈는 골프에 대한 열정이 대단했다. 어린 시절부터 청년이 될 때까지 우즈는 밥 먹는 시간과 자는 시간을 제외하고는 골프채를 휘둘렀다.

우즈가 스물한 살이던 1997년 처음 메이저대회를 석권했을 때, 그때까지 우즈가 지금까지 골프연습에 소비한 시간은 대략 1만 시간이라는 얘기가 나왔다. 어떤 분야의 전문가가 되려면 최소 1만 시간의 훈련이 필요하다는 '1만 시간의 법칙'을 우즈는 실천해온 것이다. 이토록 몸을 담금질해온 우즈였기에, 인간의 한계를 극복해온 우즈였기에, 운이 아닌 실력으로 최고의 실력자가 된 우즈였기에 지구촌 팬들이 열광을 하지 않았을까.

골프가 오묘하고 변화무쌍한 것은 밤하늘 별만큼이나 경우의 수가 많기 때문이다. 특히 아마추어에게 골프는 숱한 난관을 헤쳐가는 작업이라 더욱 힘들다. 여기저기 휘면서 산으로 올라가는 드라이버 샷, 어쩌다 잘 맞았다 싶으면 심한 내리막길에 놓이고 마는 아이언 샷, 잘 띄웠나 했더니 그린을 한참 오버하는 웨지샷, 힘들게 그린에 올렸더니 내리막 오르막이 심해 서너 번 땀을 흘려서야 겨우 홀컵에 들어가는 퍼팅…. 도대체 쉬운 게 없다.

그래서 골프를 인생이라고 하는가 보다. 인생? 우리가 지금도 살고 있지만 지난날을 되돌아보면 쉬운 여정이 어디 있었던가.

우즈의 골프 인생은 그래서 우리에게 많은 교훈을 준다. 그 역시 힘들고 지치고 지루한 여정이었을 것이다. 그것을 극복하고 세상 모든 이들에게 즐거움을 주는 인생을 개발한 것, 참으로 값지지 않을 수 없다.

우즈 인생을 보면서 운도 운이지만, 연습과 부단한 노력을 게을리하지 않아야겠다는 생각을 하는 것은 나뿐만은 아닐 것이다. 우즈가 있어 행복한 사람이 많다. 나도 마찬가지다.

마치며

미련을 접을 때
골프는 보인다

정환이냐, 택이냐.

쌍팔년도 쌍문동 한 골목 사람들의 좌충우돌 이야기로 폭발적인 인기를 끌었던 '응답하라 1988(응팔)'. 스토리 막판에 가장 관심이 쏠린 것이 바로 덕선(혜리 분)의 선택 여부였다. 덕선의 남편이 과연 정환(류준열 분)이 될 것인가, 최택(박보검 분)이 될 것인가에 온통 시선이 쏠렸다. '덕선-택' 커플로 결론 맺었지만, 그 과정은 상당히 흥미로웠다.

내가 본 장면 하나다. 무슨 일인지 모르지만 쌍문동 골목 계단에서 울고 있는 덕선. 집에 들어가려다 이를 보고 다가가 위로를 할까 말까 망설이는 정환. 그 사이로 몇 초가 흐르고……. 마음을 정한 듯 덕선 쪽으로 발걸음을 떼는 정환. 그러나 어디선가 택이가 나타나 덕선에게 다가서고……. 피곤이 덕지덕지 묻은 얼굴로 덕선의 어깨에 얼굴을 묻는 택, 묘한 표정의 정환. 뭐, 그런 장면이다.

그런데 여기서 운명은 결정됐다. 정환이 그 몇 초의 망설임 없이 덕선에게 다가가 위로를 건넸다면, 상황은 바뀌었을 수 있다. 작가, 인생이 뭔지 아는 사람인 듯하다. 내공 깊다 싶다. 드라마 설정이지만 '덕선-택-정환'의 모습은 우리들 인생이다. 살아가면서 겪는 수많은 망설임과 후회와 번민들, 그리고 그 속에서 맺어지거나 엇갈리는 크고 작은 인연이 바로 인생인 것이다.

골프는 어쩌면 '정환'이다. 덕선에 마음은 끌리지만 용기가 없어 망설인 날, 정환은 자신의 머리를 쥐어박으며 불면의 밤을 보냈을지 모른다. 스스로 '미련곰탱이'라고 자학하면서 말이다.

골프 역시 그렇다. 돌아서면 미련이 생기고, 후회가 남는다. 샷 하나하나에 미련과 후회가 주렁주렁 달리는 게 골프다.

공자께선 일찍이 골프 고수가 되는 비법을 남기셨다. '비례물시(非禮勿視), 비례물청(非禮勿聽), 비례물언(非禮勿言), 비례물동(非禮勿動) 하라'고. 예가 아니면 보지 말고, 듣지 말고, 말하지 말고, 동하지도 말라는 뜻이다. 이걸 지키면 필드의 최강자가 될 수 있다. 남의 플레이나 매너, 언어나 행동에 영향 받지 말고 자신만의 플레이에만 평정심을 갖고 집중하면 그 자체가 최강인 것이다. 그러나 일반 골퍼 중 이를 실천할 수 있는 사람이 몇이나 될까. 유명한 절의 큰 스님이나 수십 년간 계룡산에서 도를 닦은 도인도 번뇌를 완전히 버리지 못하셨다고들 하는데, 우리 같은 평범한 사람들이 선택의 연속인 골프의 고민과 후회라는 굴레에서 어찌 벗어날 수 있겠는가. 그런 점에서 공자께서 내려주신 골프 고수 비법은 말 그대로 '그림 속의 비법'일 수도 있다.

골프의 이런 점에 천착해온 지인이 있다. 골프엔 도(道)가 있다고 철저하게 믿는 이다.

"홀이 왜 108밀리미터인지 아세요? 세상 모든 번뇌를 다 집어넣으라는 뜻이에요. 홀에 공이 들어가는 순간, 번뇌는 잠깐이지만 사라지죠. 그러니 108밀리미터 원에 공을 넣으면 지구상에서 가장 아름다운 땡그랑 소리가 나올 수밖에 없죠."

인간이 벗어날 수 없는 108번뇌(불교에서 중생의 번뇌를 108가지로 분류한 것)의 삶 속에서 잠시나마 그 고통을 잊을 수 있는 순간을 극대화하기 위해 홀 크기를 그렇게 정해놨다는 것이다. "108밀리미터의 홀을 향해 가는 고통스러운 과정, 그게 바로 골프죠. 그 과정은 힘들지만 아름답고 소중한 것입니다. 물론 수많은 미련과 후회를 낳기도 하지요. 그 속에 인생 삼라만상이 빼곡히 들어차 있으니, 골프는 바로 도(道)인 거죠."

맞는 말이다. 홀에 공을 넣기까지의 수많은 선택과 후회, 도전과 성취감, 실패와 당혹감, 그 자체가 골프다. 그 속에서 인생의 진리와 참다운 삶의 가치를 깨닫게 해주는 것, 그게 바로 골프다.

필드엔 수많은 깨달음이 보물처럼 널려 있다. 근데 그 보물은 요상한 특성을 지녔다. 꼭 보이는 사람에게만 보인다. 마음의 문을 꼭 닫은 사람에겐 절대 얼굴을 내밀지 않는다. 그 보물은 겸손과 인내, 친절과 배려, 절제와 기다림의 미학을 갖춘 사람들의 몫이다. 골프가 바로 인생이며, 미련을 접고 자연 섭리와 순리를 따를 때 골프가 더욱 아름다운 까닭이 여기에 있다.

내가 다음 구절을 즐겨 암송하는 이유 역시 똑같다.

"우린 불가능한 것을 바라봐선 안 되는 거예요. (중략) 우리가 운명이니 사정이니 환경이니 하는 것들이 실제로는 신의 섭리에 의한 것임을 잊어서는 안 돼요. 인간은 이 지상에서 하늘에 있는 별들처럼 운행하는 거예요. 신은 별들이 서로 만나게 될 궤도를 미리 정해 놓으셨기 때문에 만약 그들이 서로 헤어져야 한다면 그들은 반드시 헤어져야 해요. 그 뜻에 저항한다는 것은 헛된 일이 되거나 이 세상의 질서를 파괴하는 일이지요"(《독일인의 사랑》중 마리아의 말).